在日マネー戦争

朴 一

講談社＋α文庫
プラスアルファ

プロローグ

人は自分の人生を評価するとき、何を基準に幸せを計るのだろうか。お金か、出世か、地位か、はたまた名誉か。

もし、お金を基準とするなら、資産家の家庭に生まれるか、貧しい家庭に生まれるかで、人生が大きく変わる。

ピケティの指摘するように、経済成長による賃金の上昇よりも、土地や株などの資本から得られる利益の増加分がどんどん上回っていくという社会の仕組みが維持されてきたからだ。[*1] 貧しい家庭に生まれた人がサラリーマンになってこつこつ働いても、しょせん土地や株を受け継いだ富裕層ほど豊かになれないというわけである。

では、貧しい家庭に生まれた人には希望はないのだろうか。

もちろん、貧しい家庭に生まれた人でも起業家として成功し、資産家に転進できる可能性はなくはない。パナソニックの創業者である松下幸之助やダイエーの創業者である中内㓛などは、その代表的人物だろう。個人的に言えば、資産家に生まれた人が成功するよりも、彼らのように貧しさから這《は》い上がり成功した人の人生のほうがずっと面白い。

本書でとりあげる旧「大阪興銀」を日本一の信用組合に育てあげた李熙健《イ・ヒゴン》をはじめとする在日コリアン一世の起業家は、いずれも後者の部類に入る人々である。彼らは皆、植民地時代に朝鮮半島から裸一貫で日本に渡り、異国でのし上がってきた。

彼らには、親から引き継いだ財産もなければ、傑出した学歴がある訳でもない。さらに、移民に閉鎖的な日本では、彼らが参入しようとする分野に外国籍者に対する制度的制約やさまざまな国籍の壁があり、経営者にとって不利な条件があったことも否《いな》めない。

そんなハンディを背負った彼らがどうして成功できたのか。その秘密に迫ることも興味深いが、筆者にとってそれ以上に気になったのは、お金も地位も名誉も手に入れた彼らが、なぜ政府による統制の厳しい金融機関の設立・運営に執着したかということである。

不思議なことに、在日の世界でトップにのぼりつめた彼らが、最後にたどりつく経営者としての目標は、在日コリアンによる金融機関の設立であった。ゴム工業、パチンコ、タクシーなどの分野でそれぞれ大成功を収めた在日コリアンの経営者が、なぜ「在日同士の仁義なき闘い」にまきこまれながらも、金融機関設立に命をかける必要があったのか。その謎に迫りたいというのが、本書を書いた動機である。

＊1　トマ・ピケティ教授は、欧米の経済学者に研究協力を要請し、過去三〇〇年間にわたる先進国に該当する二〇ヵ国以上のデータを集め、地主が土地代金で儲けたお金、富裕層が株の運用で儲けたお金の動きなどを調べた結果、そこにある法則があることを発見した。それは、土地や株などの資本から得られる儲けが増える割合が、常に経済全体が成長する割合を上回るという法則である。ピケティ教授の推計によれば、一七〇〇年から二〇一〇年までの世界の資本収益率（r）は約四～五％に対し、経済成長率は一・五％にとどまってきたという。すなわち経済成長による賃金の上昇よりも、土地や株などの資本から得られる利益の増加分が上回り、増えた資本が富裕層に相続され、経済格差が拡大していったというわけである。（トマ・ピケティ著、山形浩生他訳『21世紀の資本』みすず書房、二〇一四年）

本書で描かれる在日コリアン経営者による民族金融機関の設立・拡大・破綻・再編のドラマは、在日コリアンの戦後経済史であると同時に、戦後日本経済の裏側の歴史でもある。そうした意味で、本書が在日コリアン企業人というアウトローの視座から戦後の日本経済史を検証する作業につながれば幸せである。

二〇一六年一二月

朴 一

在日マネー戦争　目次

第八章　近産信「クーデター」事件

在日マネー戦争

第一章 コリアンタウン猪飼野

焼肉の街

大阪のＪＲ環状線に鶴橋という駅がある。鶴橋駅に電車が到着し、扉が開くと、強烈な焼肉の匂いがたちこめる。鶴橋駅周辺には、およそ五〇軒以上の焼肉店があり、日本一の焼肉激戦区と言ってもよい。

アジヨシ、鶴一《つるいち》、白雲台《はくうんだい》、大邱家《たいきゅうや》など、グルメ雑誌で評判の焼肉店の看板が目に入る。今夜はどこで食べようか。タン塩から始まって、ハラミ、ロース、カルピなどの赤肉、最後にテッチャン、ミノなどのホルモン系を食べるのが私の流儀だが、どの店も微妙にタレの味が異なり、肉の旨味を引き出す工夫をしている。

ある店主は「ここ（焼肉激戦区）で生き残るのはたいへんなんです」と言っていたが、お客の側からすれば、鶴橋にくれば、自分の好みにあった肉とタレを提供してくれるお店を、少なくとも一軒はみつけることができるだろう。焼肉ファンには実に贅《ぜい》

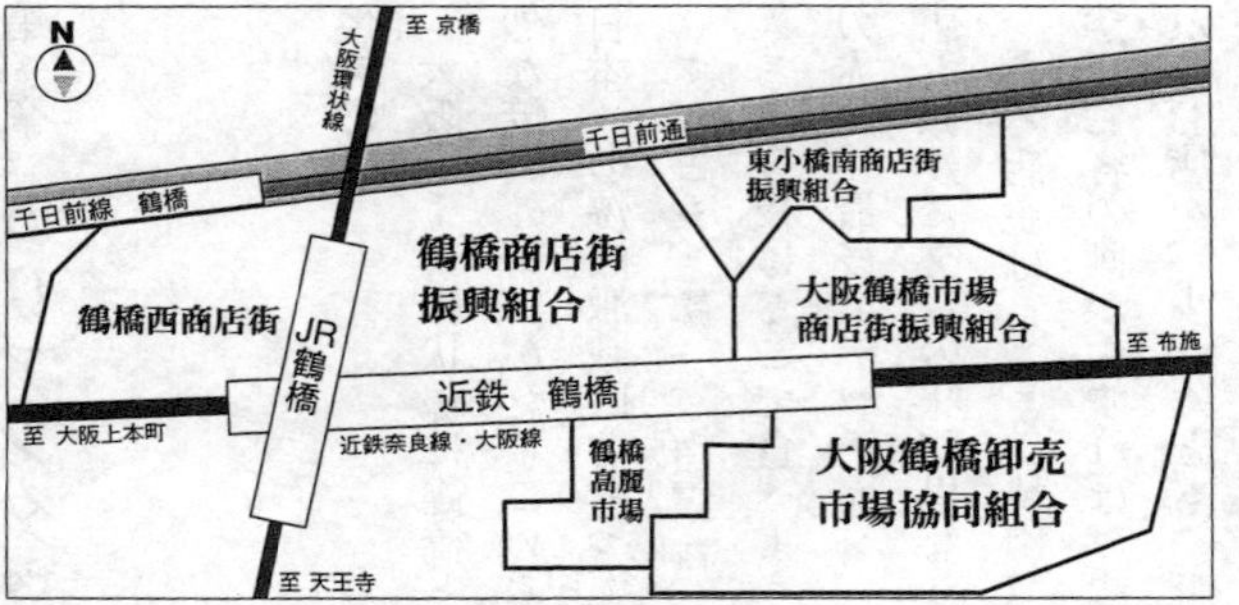

図１の１　鶴橋駅周辺の商店街と市場
出所：藤田綾子「鶴橋 ── 闇市から商店街へ」、上田正昭監修『ニッポン猪飼野ものがたり』批評社、271頁

沢《たく》な空間だ。

鶴橋の楽しみは焼肉店だけではない。焼肉店が点在する駅の東側には、鶴橋商店街、大阪鶴橋市場商店街、東小橋南商店街、西側には鶴橋西商店街、南側にも鶴橋高麗市場、大阪鶴橋卸売市場という四つの大きな商店街と、二つの巨大な市場が広がっている（図1の1）。

さらに鶴橋商店街を通りぬけて南東に一〇分ほど歩くと、東・中央・西の三つの商店街団体からなる御幸森《みゆきもり》商店街がある（図1の2）。バラエティに富んだ商店街や市場をぶらぶらするのも楽しみの一つだ。御幸森第二公園に面した東商店街から中央商店街を歩いてみると、キムチ教室、キムチ

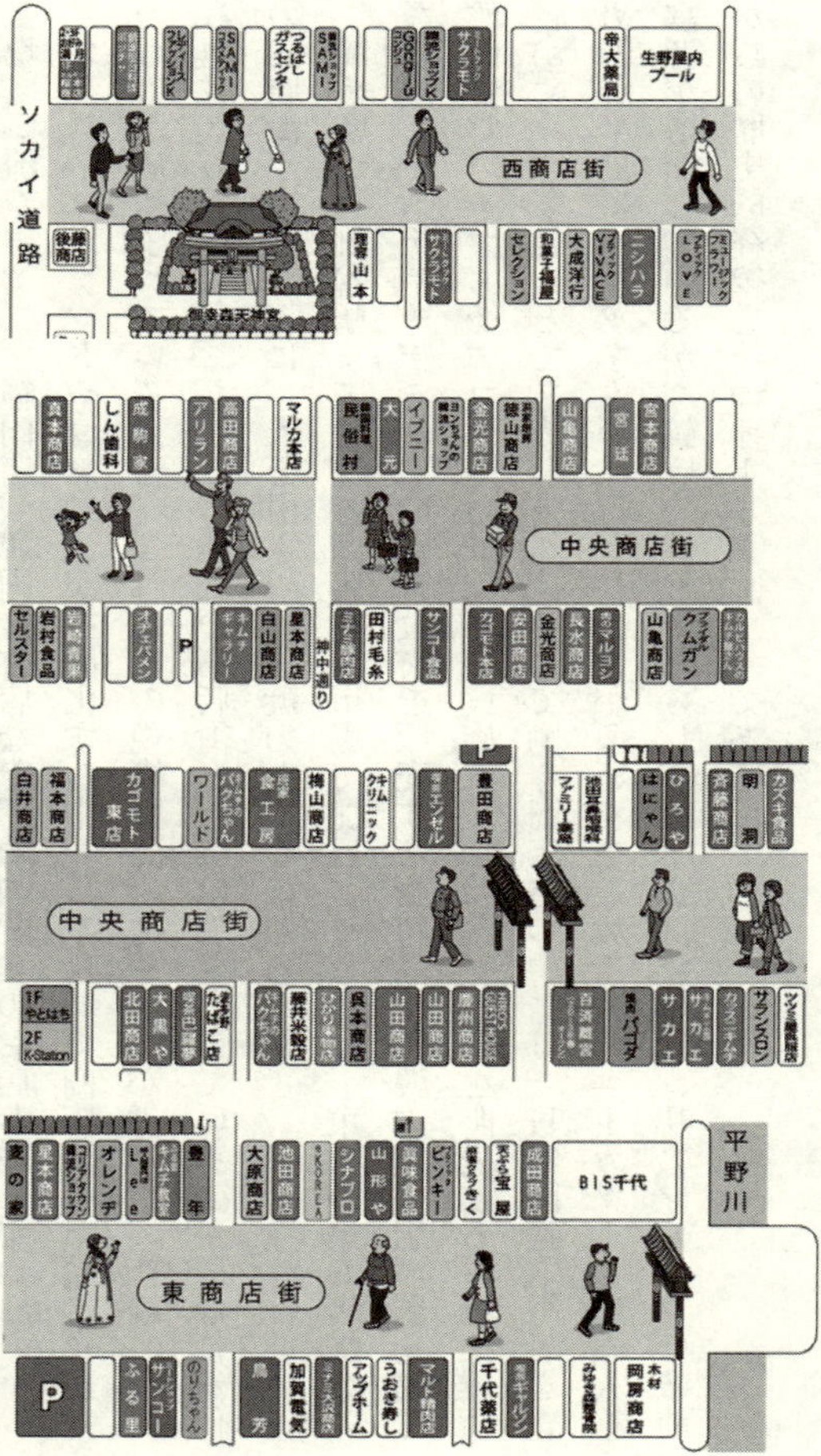

図1の2　御幸森商店街の店舗一覧
出所：生野コリアタウンWebサイト

工場、韓流ショップ、精肉店、韓国食材店など、韓国関連のお店が並んでいる。スーパーマーケットやコンビニが主流化する中、日本全域で商店街や市場の存在そのものが危ぶまれている今日、これだけの規模の商店街や市場が併存し、存続している地域はめずらしい。なぜこの地域の商店街と市場は生き残っているのか。なにか他の商店街や市場以上に、人を引きつける魅力があるのだろうか。

鶴橋駅から桃谷駅まで繋がる商店街と市場で注目されるのは、東・中央商店街のみならず、キムチやチヂミなどの韓国食材を販売する食料品店、韓国風の居酒屋を営む韓国食堂、チマ・チョゴリやパジなどの民族衣装や韓流グッズを販売する服飾・雑貨店がやたら多いことである。当然、ここで働く商店主の中には、日本国籍取得者を含め朝鮮半島にルーツをもつ在日コリアンが多い。ここ数年、ニューカマーの韓国人経営者が増加しているが、鶴橋や桃谷で暮らし、商店を営む在日コリアンの多くは戦前からの歴史的経緯を持つオールドカマーである。

海を渡ったコリアン

一九七三年の行政区画変更まで、鶴橋・桃谷・中川西周辺（図1の3）は「猪飼《いかい》

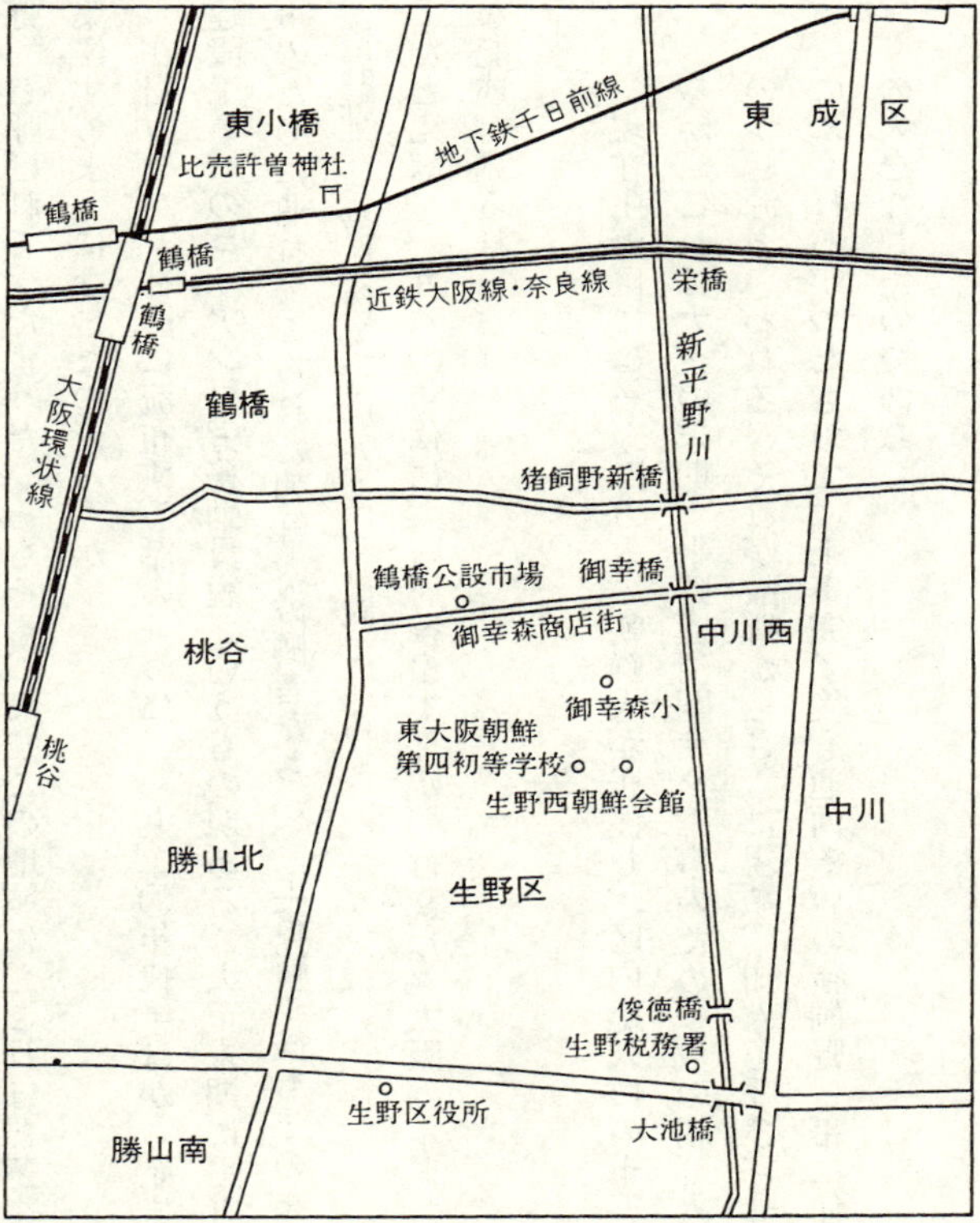

図１の３　旧「猪飼野」地域
出所：金賛汀『異邦人は君ヶ代丸に乗って』岩波新書、８頁

野《の》」と呼ばれてきたようだ。そもそも、なぜこの地域に、これほど多くのコリアンが集住するようになったのだろうか。

在日コリアン社会に流布する話の一つに、一九二〇年代半ばから始まった平野運河建設工事へのコリアンの労務動員説というものがある。大正末期に平野運河の建設工事のために連れてこられた朝鮮人労働者たちが、工事終了後もそのまま運河沿いの「猪飼野」一帯に住み着いたという説である。

たとえば、一九六〇年代に大阪府警察本部が発行した『大阪ガイド』には次のような記述が見られる。

現在生野区には三〜四万人の朝鮮人が居住し、区内総人口の十五％を占めているが、これは大正の末期、平野運河開サク（ママ）工事のため多数の朝鮮人が集められたのが起源といわれる。それが故郷からさらに親類、知人を呼び寄せて雪だるま式にふくれあがったもので、工事完了後も運河ぞいの猪飼野一帯に住みつき、今日の大をなしたのである。*1

また、在日コリアン一世の証言をまとめた記録集として編集された『在日一世の記憶』にも、冷麺の製造・販売で有名な徳山物産の洪呂杓《ホン・ヨピョ》さん（故人）が「生野に同胞（在日コリアン）が多かったのは、平野川の改修工事で同胞がたくさん来て、そのまま残ったから」[*2]という証言を残している。

しかし、ノンフィクションライターの金賛汀《キム・チャンジョン》は、当時、土木労働をしていた人々の出身地はほとんどが慶尚道《キョンサムド》で、済州島《チェジュド》出身者に土木労働者は少なく、猪飼野の住人がほとんど済州島出身であることから、同説に疑問を投げ掛けている。[*3]

では、済州島出身のコリアンが「猪飼野」地域に大規模定住するようになったのはいつごろだろうか。大阪市による報告書『大阪市に於ける朝鮮人の生活状況』（一九二九年）によれば、かつての大阪地図には「朝鮮町」という地名があり、この地域に

＊1　元資料：大阪府警察本部『大阪ガイド』、金賛汀『異邦人は君ヶ代丸に乗って――朝鮮人街猪飼野の形成史』岩波新書、一九八五年、二〇頁
＊2　小熊英二・姜尚中編『在日一世の記憶』集英社新書、二〇〇八年、五八四頁
＊3　前掲『異邦人は君ヶ代丸に乗って』二三頁

1922年	3,502人
1923年	na
1924年	14,278人
1925年	15,906人
1926年	15,862人
1927年	19,224人
1928年	16,762人
1929年	20,418人
1930年	17,890人
1931年	18,922人
1932年	21,409人
1933年	29,208人
1934年	16,904人

表1の1　済州島から大阪へのコリアンの渡航者数
原資料：済州島庁『済州島勢要覧』他、出所：杉原達『越境する民──近代大阪の朝鮮人史研究』新幹社、1998年、81頁

は一九二〇年ごろから、そして「猪飼野」には一九二三年以降に済州島出身者が集住するようになったという。[*4]

一九二三年を境に猪飼野におけるコリアンの人口が急増した理由は、済州島―大阪間の定期航路が尼崎汽船によって開かれ、君ヶ代丸[*5]が運航することになったためで、大量の済州島の人々が来阪したからである。君ヶ代丸は船客定員三六五名であったが、実際には六八五名まで乗船が認められていたと言われ、船客の大部分は済州島出身者であった。大阪への渡航者の増大によって済州島の人口が減少したと言われるほど、同島から大阪への渡航希望者は多かった。杉原達氏の先行研究によると、一九二〇年代後半から三〇年代の前半にかけて、君ヶ代丸を利用し済州島から大阪に渡ってきたコリアンは、年間一万五〇〇〇人から二万人に達したと言われている[*6]（表1の1）。

彼らの多くは大阪での就労を目的とする出稼《でかせ》ぎ労働者であったが、大阪に彼らの働き口がなければ、これだけのコリアンが大阪を目指さなかったかもしれない。多くのコリアンが大阪を目指したのは、彼らを吸収する充分な受け皿があったからである。当時の大阪は「東洋のマンチェスター」と呼ばれ、綿業や機械工業が発達し、日本各地から労働者を集める世界有数の工業都市であった。同地域には、アジアへの輸出品を製造する近代工業部門で働く一般労働者から成るフォーマルな市場に加え、雑役や日雇い労働の仕事を斡旋《あっせん》するインフォーマルなスラム労働市場が存在した。こうし

＊4　同書、五二頁

＊5　君ヶ代丸は、一九二二年から四五年まで韓国の済州島と日本の大阪を結んだ連絡船。同船を所有した尼崎汽船の資料によれば、済州島―大阪の定期航路開設は一九二三年二月と記載されているが、前年の二二年に君ヶ代丸に乗って大阪にやってきたという利用客の証言もあり、初期の運航状況についてはわからない部分も多い。一九二五年、君ヶ代丸は台風の影響で座礁し、一時運航が困難になった。尼崎汽船はソ連から砲艦マンジュール号を購入、改修したものを第二君ヶ代丸として就航させた。

＊6　杉原達『越境する民――近代大阪の朝鮮人史研究』新幹社、一九九八年、八一頁

たスラム労働市場が、生活の糧《かて》を求めて朝鮮半島から渡ってきた移民労働者の受け皿になったと言われている。[*7]

一九二四年に大阪で働いていた工業労働者二五万人の出身地を調査した大阪市社会部の調査報告書によれば、上位三地域は①大阪九万四〇〇〇人、②鹿児島一万四〇〇〇人、③朝鮮一万一〇〇〇人だった。[*8] このデータは、当時の大阪が朝鮮半島から渡ってきた人々を工業労働者として活用していたことを物語るものである。とはいえ、恐慌期に入ると、朝鮮半島出身の労働者の多くはたちまち失業者に転落した。一九三〇年当時、大阪市のコリアン労働者の失業率は一八％に達し、実に失業者の五人に一人はコリアンであった。[*9]

だが、一九三一年、日本が満洲事変を起こし、大陸中国への侵略戦争を開始したことで、経済状況は変化した。この戦争をきっかけに日本経済は経済恐慌から脱出するという目的で、準戦時体制に移行していくことになった。要するに、戦争の拡大で軍需産業が栄え、労働者の雇用が増加したのである。その結果、恐慌時に失業にあえいでいた朝鮮半島出身の労働者も、臨時工として採用されるようになった。大阪はそうしたコリアン労働者の最大の受け入れ先であった。

大阪の中でも、特に猪飼野近郊の東成区一帯にはゴム靴などを製造する零細《れいさい》なゴム工場が多かった。危険な作業をともなう「3K職種」だったゴム工場は、当時の東成区の主要な地場産業であり、日本人に比べて低賃金の朝鮮人労働者は歓迎されていた。

東成区を中心に府内のゴム工場で働くコリアンの労働者は年々増加し、一九三三年末時点で大阪府内のゴム工場で働くコリアンは男子で二七四三人、女子で九八七人、計三七三〇人に達しており、同地域のゴム工場の工員総数に占めるコリアン労働者の比率は男子で九四%、女子で四〇%を占めていた。[*10] こうした数字を見れば、当時の大阪のゴム工場が朝鮮半島からの移民労働者で担《にな》われていたことがわかる。

＊7　杉原薫・玉井金吾編『大正・大阪・スラム』新評論、一九八六年、一五～一六頁
＊8　大阪市社会部調査課『大阪市労働年報』一九二六年、一七～二六頁
＊9　金賛汀『在日コリアン百年史』三五館、一九九七年、九七頁
＊10　前掲『越境する民』一五六頁

アジュモニたちの露店から

やがて済州島から猪飼野に移り住むコリアンの出稼ぎ労働者が多くなるにつれ、彼らの生活に必要な食材や物資を供給する商人が彼らの中から生まれるようになった。とはいえ、最初、コリアンは商店を出せるほど豊かではなかった。

彼らの多くは、「野から採って来た、セリ、ゼンマイなどをむしろの上に並べて、露店を開いて、アジュモニ（おばさん）たちが細々と売っている」[*11]状態だった。「猪飼野」の朝鮮市場は、高齢のため工場では雇ってもらえなかった在日のアジュモニたちの露店から始まり、やがて市場として成長していくことになった。

大正時代（一九一二〜二六年）には、猪飼野にもコリアンの食材や雑貨を売るような商店はなかった。昭和の初期（一九二〇年代後半）になると、現在の御幸森の裏通り（裏側の路地の狭い側）に、在日コリアンが小さな露店に毛の生えた程度の店を構えるようになった。コリアンが居住する長屋の一階を店舗にし、キムチやナムルを販売する人も増え始め、多いときは四〇〜五〇店が軒を連ねた。

こうして猪飼野に集住する在日コリアンたちの根強い需要に支えられ、御幸森商店街の路地奥に形成された朝鮮市場には、彼らのための生活必需品を売るコリアンの商店がどんどん増えていった。

古くから猪飼野に住む地域住民の証言では「一九二七、二八年ごろからぽつぽつ商売をやる人たちが増えてきて、一九三〇年代が全盛時代だった……四〇～五〇軒がT字型に並んで、多いときには客が一日二万人も来て、隆盛をきわめていた」[*12]という。コリアンは日々の生活に必要な食料品だけでなく、冠婚葬祭に必要な食材や韓服などを求めて、遠方から買い出しに来た。

一九三五年には、この地域で朝鮮の食料品を扱う商店主が集まり、「大阪食料品小売商組合・鮮友会」が結成され、ばらばらに営業を続けてきたコリアンの商店主の間にも強固なつながりが見られるようになった。[*13]商店で働くコリアンの女性たちはチマ・チョゴリに身をつつみ、故郷と同じ生活習慣を守り続けた。一九四〇年代に入ると朝鮮市場の店舗は二〇〇軒余りに増え、市場としてもかなりの規模を持つようにな

＊11　前掲『異邦人は君ヶ代丸に乗って』一三二頁
＊12　前掲『在日一世の記憶』五八四～五八五頁
＊13　『民衆時報』一九三五年一二月一五日

った。

しかし一九四一年の物資統制令で、日本人市場と同様に朝鮮市場は警察の整理対象になり、ほとんどのコリアンは店を閉めることになった。さらに太平洋戦争が始まると、大阪への空襲が激化し、「猪飼野」周辺の人々は、日本人、コリアンにかかわらず皆疎開を余儀なくされた。現在の鶴橋駅前や線路沿いには広大な空き地が生まれ、御幸森商店街もほとんど空き家になった。

こうして廃墟になった猪飼野に、日本にとどまった在日コリアンの手で再び朝鮮市場が蘇《よみがえ》るのは、戦後になってからのことである。

第二章　闇市からの出発

闇市の誕生

敗戦直後の混乱期、東京や大阪など日本の大都市は、戦地から戻った復員軍人と引き揚げ者で溢《あふ》れかえった。しかし、当時の日本では、彼らの飢《う》えを満たす食糧や、最低限の生活を充足させる物資が不足していた。米などの主食のほとんどは、配給制で支給されていたが、配給が半年近く遅れることもあった。極度の食糧不足が続き、物資や食糧は政府の統制下におかれていたが、大部分の人々は政府の配給品だけではとても暮らしていけなかった。

大阪でも食糧不足は深刻で、一九四五年八月から一〇月にかけて市内だけで二〇〇名近い人が餓死《がし》した。多くの復員軍人は、戦地から戻っても、まともな仕事につけず、その日の食いぶちを稼ぐこともままならなかった。

握り飯が二個一〇円で売られているのに、工場労働者の日払い賃金が二円や三円でがは食べていけない。[*1] 身寄りのない復員軍人の中には、まともな仕事を見つけることができないまま、路上死する者もいた。粉ミルクが手に入らず、栄養失調で亡くなる乳児も少なくなかった。

こうした閉塞状況下、食糧や物資を求める人々の間で、闇物資が流通する青空マーケット、いわゆる「闇市」が営まれることになった。一九四五年八月一八日、終戦からわずか三日後に、新宿に第一号の「闇市」が誕生してから、東京山手線の主要な駅前(上野、東京、新橋、渋谷、新宿など)には、巨大な「闇市」が次々と形成された。わずか数週間で、東京都内の闇市には四万五〇〇〇店もの露天商が乱立し、米、お茶、食用油、鍋、釜、やかん、下駄、皿、革製品、電気製品、衣類など、あらゆる物資がところ狭しと並べられ売買された。[*2]

大阪の梅田地区でも、現在の阪急百貨店の裏側に生まれた広大な焼け野原に、むしろを広げて箱の上に商品を並べて売買する露天商が集う巨大な「闇市」が形成された。一九四五年の九月には、同地域の「闇市」に群がった店舗数は数千軒に達している。そこでは、統制物資であった米や酒、その他の食品や衣類の他、占領軍兵士から横流しされたタバコや石鹸など、あらゆるモノが自由価格で売られていた。

一儲けした人々

植民地時代の一九二五年、関釜連絡船に乗って朝鮮半島から日本に渡ってきた筆者の父も、終戦直後、梅田の「闇市」に店舗を構えた一人である。当時、祖国が解放されたことで、家族は帰国を望んでいた。しかし、貧しい一家には国に帰る旅費もなかった。父は帰国費用を稼ぐために、やむをえず梅田の「闇市」で衣類と食堂の二軒の店をスタートさせた。

店といっても、拾い集めたトタンと古木材でこしらえたバラック小屋にすぎなかった。家族が生きていく最低限の生活費と帰国費用を捻出《ねんしゅつ》できればよいと、父は最初考えていた。ところが、「闇市」の一角に構えたカレー店は、思いがけないことに開店当初から大繁盛することになった。

＊1　『朝日新聞』一九四五年一一月二三日

＊2　ロバート・ホワイティング『東京アンダーワールド』角川書店、二〇〇〇年、八〜一一頁

父が作ったカレーがとくべつ旨かったからではない。当時としてはご馳走だった銀シャリと、わずかであるが肉の入った本格的なビーフカレーを、庶民が食べられる安値で提供したからである。家族総動員でカレー作りをしていたが、いくら作っても間に合わなかった。作る端から売れていき、まだ多くの人が店の前に行列を作ったという。

古着を販売していたもう一軒の店も盛況だった。かつぎ屋の人たちが、米や野菜とともに衣類も売り込んできたが、買いつけたものはたいていその日のうちに売りきれた。当時、配給の対象だった繊維製品は「闇市」の中でも売れ筋商品で、モノさえあれば売れる時代だった。かつぎ屋が運んできた衣類を安値で買い取り、それをリーズナブルな価格で売れば、それだけで儲かったのである。

闇市と在日コリアン

父は「闇市」で儲けたが、そうした商売は国や自治体の正式な認可を受けたものではない。そこでは、どぶろくなどの密造酒、手製の紙巻きタバコ、軍からの盗品や横流し品など、本来売ってはいけないものも売られていたので、最初は緩かった取り締まりも少しずつ厳しくなっていった。

そのためか、「闇市」への参加者の多くは日本人商人であったが、幅をきかしていたのはヤクザと、在日コリアン、そして中国・台湾系の華僑・華人の商人たちであった。日本のアウトローである彼らが存在感を示していたのは、東京や大阪の闇市だけではない。日本各地に生まれた「闇市」に共通した特徴であった。彼らが「闇市」で大きな影響力を持つようになったのには訳がある。

一九四五年一一月、連合国軍総司令部（GHQ）は、敗戦後も日本に残留したコリアンや中国・台湾人に対し「解放人民」として処遇するという声明を出した。この瞬間、戦前・戦中の日本社会を支配していた「身分制の呪縛」から在日コリアン・華僑・華人は解き放たれた。日本の支配下で「二等国民」として冷遇されてきた彼らは、これまでのうっぷんをはらすかのように、「闇市」という法の適用を受けない特殊な空間の中で、日本人以上の力を持ち、幅をきかすようになった。[*3]

戦後に影響力を拡大した暴力団の組長だった安藤昇は、当時の在日コリアンや中

＊3　同書、三八四頁

国・台湾人の様子を次のように振り返っている。

いま思ってみれば、日本の軍隊にいため抜かれて搾取された彼ら（在日コリアン・中国人・台湾人）にすれば、百年目にめぐってきたわが世の春だった。劣等意識の裏返しの報復気分で、思う存分ふるまいたかったのであろう。[*4]

占領軍の声明によって、日本の支配から解放された在日コリアン・中国人・台湾人たちは、これまでのように日本政府の法規制の適用を受けないという特殊な立場を利用し、「闇市」での商行為を正当化していったのである。「解放人民」たる彼らは、当時の日本の法規制の網の目をくぐって、旧日本軍や占領米軍の闇ルートから流れた物資を売買し、金を稼いだ。

しかし、複雑な利権が絡んだ「闇市」で、ヤクザ、在日コリアン、中国人・台湾人の三者間の利害が一致しないことも多かった。「闇市」の支配権をめぐって、彼らの間で縄張り争いが生じて、武力衝突に発展することもあった。

日本のヤクザと、彼らから差別的に「三国人」[*5]扱いされてきた在日コリアン・中国人・台湾人組織との対立が激化してくると、「三国人」組織の強大化を恐れた日本の警察は、ヤクザを利用して、彼らを「闇市」から排除させようと試みたこともあった。警察はヤクザを使って、何度も「闇市」から「三国人」組織の露天商を立ち退かせようとしたが、在日コリアンや中国人・台湾人は猛反発した。この結果、一九四六年七月には、東京の新橋、渋谷、上野などの「闇市」で、ヤクザと「三国人」組織の抗争事件が起こり、渋谷の「闇市」では台湾人とヤクザ・警察が銃撃戦を繰り広げ、台湾人二一名が射殺、一四名が負傷するという悲惨な事件が起こっている。[*6]

父がカレー店を営んだ関西の「闇市」でも、ヤクザ、在日コリアン、中国人・台湾

＊4　安藤昇『やくざと抗争②〈疾風篇〉』徳間書店、一九七二年、一一九頁

＊5　「三国人」とは、在日コリアンや中国人・台湾人に対する蔑視的表現である。戦後のしばらくの間、日本では日本にとどまった朝鮮人・台湾人に「敗戦国民でも戦勝国民でもない」という認識に基づいて、「三国人」や「第三国人」と呼ぶ時期があった。ニュアンス的には「闇市で不法行為を繰り返す」朝鮮人・台湾人に対して差別的・侮蔑的な意味合いがこめられた言葉であった。

＊6　『毎日新聞』一九四六年七月二一日

人などの縄張り争いはすさまじかった。父の残した手記には、次のような記録がある。

この時期の梅田の闇市では、その商売上の縄張り争いのような問題が生じた。それは、台湾系商人と朝鮮系商人のいさかいなのだが、初めは仲良くしていた彼等も、そのうち我々中国人は戦勝国民であると、いつしか暴力的になってきた。当時、台湾系商人は今の阪神（百貨店）裏を中心に勢力を張り、私達は今の丸ビルから第一ビルあたりが中心地であった。

広東幇《バン》とか福建幇という結社組織をもつ華僑系商人や、台湾系商人が、やがて武装し、威嚇的に私達の店を奪いだすようになると、私達も自衛上、団結して彼等と対決しようという相談がまとまった。

そして、ある日、双方が集団で乱闘する事件が起こり、これが元で本格的な抗争に発展してしまった。私も専用コルトの自動拳銃を常に持っていたのは、前に述べた通りだが、この時は、どちらからも日本刀や拳銃が持ち出され、双方ともに相当に負傷者の出る抗争が三日間続いた。

結局は三日目に、アメリカ軍のMP（憲兵）の一隊が介入して、空にカービン銃を威嚇発射しながら、双方を引き分けたので、この騒ぎは収まった。[*7]

仁侠映画で見るような壮絶な光景が目に浮かぶようだ。当時の警察には乱れた日本の治安を安定させる力はなく、「闇市」の利権をめぐる争いはヤクザを巻き込んだ民族紛争にまで発展したのである。また、日本の旧軍部勢力や旧財閥系企業の関係者も、戦争中の隠匿物資の横流しで利益を得るために、ヤクザだけでなく、在日コリアンや中国人・台湾人商人を巧みに利用した。そうした意味で、当時の日本人の生活を支えた「闇市」の繁栄は、日本社会のアウトローともいえる在日コリアンや中国人・台湾人抜きでは語れないのである。

日本有数の闇市だった鶴橋

関西で梅田と並んで巨大な「闇市」が形成されたのが、大阪駅から環状線で一五分

＊7　朴憲行『軌跡　ある在日一世の光と影』批評社、一九九〇年、二二九〜二三〇頁

の距離にある鶴橋駅周辺である。戦争中、米軍による空襲の被害にあった大阪各地では、火災被害を最小限に食い止めるため、区域内の建物を取り壊して空き地にするいわゆる「建物疎開」が行われたが、鶴橋はその代表的な街だといえる。

鶴橋駅周辺では大規模な建物疎開が実施されたが、空襲被害をほとんど受けなかった。そのため、終戦後の鶴橋には綺麗な空き地が生まれた。終戦直後の一九四五年九月ごろから、ここに多くの人々が集まるようになり、自然発生的に「闇市」が形成されていった。[*8]

国鉄と近鉄が通じる交通至便なロケーションも、鶴橋を「闇市」として発展させる要因になった。沿線の奈良や三重から新鮮な農産物や海産物が運びこまれてくる鶴橋は、「闇市」としての繁栄条件をすべて兼ね備えていたと言っても過言ではない。

地方から特産物を運んでくる者、闇で仕入れた軍需物資を売ろうとする者、戦死した夫の遺品を食料品に交換しようとする者、さまざまな思いを持つ人々が鶴橋に集《つど》い、この街は瞬《また》く間に日本有数の「闇市」になった。ピーク時、鶴橋の「闇市」で商売する人は約二〇〇〇人、鶴橋を訪れる買物客は一日二〇万人に達し、一時期梅田を凌ぐ賑わいを見せるようになった。[*9]

非合法活動をともなう「闇市」を底辺で支えた陰の主役は、ヤクザと在日コリアン・中国人・台湾人であるとすでに述べたが、こうした鶴橋マーケットの成長の担い手は、まさしく植民地時代からこの地に集住するようになった在日コリアンたちであった。一九四七年当時、大阪には約一一万人の在日コリアンが住んでいたが、その三割にあたる三万五〇〇〇人が鶴橋駅が位置する生野区と東成区に生活基盤をおいていた。

特に生野区は住民の四人に一人が在日コリアンと言われ、鶴橋「闇市」に出店していた商人も三〇～四〇％が朝鮮半島にルーツを持つ人々で占められていた。当時の鶴橋が「国際マーケット」と呼ばれたのは、まさにこうした市場の国際化を反映したものであった。

＊8　藤田綾子『大阪「鶴橋」物語』現代書館、二〇〇五年、一八頁
＊9　『大阪興銀三十年史』一九八七年、三二頁

だが、「闇市」の規模が大きくなるにつれ、役所も闇物資の売買に眼をつむることができなくなり、一九四六年八月一日、「闇市」は一斉閉鎖に追い込まれることになった。鶴橋の「闇市」にもロープが張り巡《めぐ》らされ、しばらく「闇市」の営業はできなくなった。

その後も、鶴橋の「国際マーケット」を生活基盤にしてきた人々は、何度もお上《かみ》の眼を盗んで「闇市」を再開したが、そのつど役所に再閉鎖されるというイタチごっこが数年間繰り返された。*10

当然、「闇市」の閉鎖は、そこで生きる人々にとっては生活手段を失うことを意味していた。彼らが生きていくためには、「闇市」をきちんとした商行為が行われる「商店街」に生まれ変わらせることが必要だった。

すでに大阪市は、建物疎開によって市が所有していた土地の一部を元の所有者に返還することを約束していた。こうしたお上の動向を察知して、空き地に店舗を構えていた「闇市」の商人たちは、地主と土地の賃借契約を結んだり、買い取ったりして、インフォーマルなやり方ではなく、正式な商店経営に乗り出したいと考えるようになっていった。

このような情勢の変化の中で、すでに「闇市」商人として東成周辺で活動していた在日コリアン、中国人・台湾人、満州・朝鮮から引き揚げてきた日本人商人たちによって、商店街を結成しようという気運が高まるようになった。[*11]

このとき、商店街結成に大きな求心力を発揮した人物がいた。当時、鶴橋「闇市」のドンと呼ばれた李熙健《イ・ヒゴン》（日本名・平田義夫）である。李は朝鮮がまだ日本の植民地だった一九一七年に慶尚北道の慶山の貧農に生まれ、一九三二年に一五歳で職を求めて日本に渡ってきた。

李は肉体労働や工場労働など数々の職を経て、日本の終戦時には大阪の鶴橋に形成された「闇市」で自転車のゴム・チューブの販売で蓄財し、商人としての才覚をあらわした。

＊10　前掲『大阪「鶴橋」物語』三七頁
＊11　藤田綾子「鶴橋 ── 闇市から商店街へ」、上田正昭監修『ニッポン猪飼野ものがたり』批評社、二〇一一年、二七七頁

李熙健

祖国の解放後も日本にとどまった在日コリアンの中には、戦前・戦中期に日本の中小・零細企業の工場労働者として働いていた経験を生かし、ゴム、ガラス、油脂、皮革、メリヤス、プラスチックなどの製造業の分野で独立する者が多かった。その中でも自転車のタイヤ、チューブなどを製造するゴム工業は、生産設備にコストがかからず、技術習得が容易であったため、多くの在日コリアンが参入した。終戦直後のモノ不足の時代にあって、彼らから「闇市」に流れた自転車のゴム・チューブは飛ぶように売れ、在日のゴム関連業者から多くの成功者が生まれた。李熙健もその一人だった。

しかし、それは李の表の顔にすぎなかった。昼間は自転車のゴム・チューブの販売業に精を出す一方、夜になると多くの子分を引き連れ、「闇市」で賭博場をはる博徒として暗躍していた。この時期から李をよく知る人物から以下のような話を聞いたことがある。

彼（李熙健）は当時、平田義夫という日本名を名乗っていたなあ。でも、みんなあいつを平田とは呼ばんかった。みんな、ハッタ（博打）の親分って呼んどった。若いころは、鶴橋市場の真ん中を、いつも大勢の子分連れて、闊歩《かっぽ》しとったな。

あの時期は、「闇市」やるにも仕入れに、まず現玉（現金）が必要やったからな。ハッタの親分（李熙健）とこ行ったら、十一《といち》（一〇日で一割の高利）で現金貸《ゲンナマ》してくれるんや。賭博場で吸い上げた金を、闇市で商売やりたい奴に高利で貸し付けるんや。あのころ、ずいぶん儲けたみたいやで。

まあ、今で言う、高利貸しやな。今では興銀（関西興銀）の理事長しとるけど。あのころの経験がものいうてるのちゃうんかな。[*12]

李は一介のゴム業者ではなく、実質的に鶴橋の「闇市」の露天商たちを仕切る「テキヤ」の役割を果たすとともに、高利貸しとして「闇市」商人に運転資金まで調達す

*12　生野でゴム工場を営んでいた在日韓国人一世Kさんの証言

る金融ブローカーでもあった。鶴橋の「闇市」が閉鎖に追い込まれたとき、李は市場再開のため、GHQや警察と交渉を行う一方で、利権をめぐって対立を繰り返してきた在日コリアン、中国人・台湾人、引き揚げ日本人からなる闇商人たちを強力なリーダーシップでまとめあげ、一九四七年三月に鶴橋を「国際商店街」という合法的なマーケットに甦らせた。

後に鶴橋商店街振興組合の会長を務めた小林呉服店の小林公さん(故人)は、当時、李熙健が商店街の結成・発展に果たした役割をこう評価している。

「寄合い所帯の商店街連盟が、何の争いもなく円満に発展してきたのは、平田(李熙健)会長の偉大な指導力と円満な人柄の賜物と、組合員一同がいまなお感謝している」[*13]

李は賭博場で身につけたヤクザの交渉力で、闇市をめぐる複雑な利権争いにくぎりをつけたのである。その功績が認められ、李は同年(一九四七年)三〇歳の若さで、約三〇〇店舗が加盟した「鶴橋国際商店街連盟」の初代会長に就任している。それは、李が「ハッタの親分」から「商店街連盟の会長」に華麗な変身を遂げた瞬間であった。

＊13　前掲『大阪興銀三十年史』三三頁

第三章　民族金融機関の誕生

日韓・日朝交渉のはざまで

大阪のみならず東京や名古屋など全国の在日コリアン集住地域に、鶴橋のような闇市を母胎《ぼたい》にしたコリアン・マーケットが生まれたが、彼らが商いを行っていく上で最大の悩みの種は資金調達であった。

日本の商工人は運転資金を金融機関から調達できたが、在日コリアンが日本の金融機関から資金を調達する場合、納税証明書や外国人登録証明書などの公的証明書類に加えて、日本人の保証人、抵当権の設定、充分な担保が要求された。

そうした条件をすべて備えた者であっても、在日コリアンはやがて帰国するかもしれないという理由で融資を断られることもあった。その背景には、少数民族問題の種となることを恐れて在日コリアンを祖国に帰国させたい日本政府と、彼らの祖国への帰国問題を戦後補償の政治カードとして利用したいと考える韓国・北朝鮮両政府との間で日韓・日朝交渉が難航しており、在日コリアンの法的地位が流動化しているという政治情勢があった。

日本政府は戦後当初、在日コリアンに国籍選択権を付与し、日本国籍を選択しなかった者を朝鮮半島に強制送還する「選択権＋送還権」案を検討していた。[*1]しかし、サンフランシスコ講和条約で国際社会に復帰するにあたり、日本政府は結局、在日コリアンに国籍選択権を与えず、日本の国籍を剝奪した。そして彼らを外国人として管理するとともに、国益に利する者には「帰化」を奨励し、それ以外の者は「退去」させるという「同化さもなくば排除」という方針に切り替えた。

日本から排除されるべき在日コリアンの対象者には、受刑者だけでなく、生活保護受給者など貧困層も含まれていた。日本政府は当時、増加する在日コリアンの生活保護受給者に関わる財政問題に頭を痛めていた。できれば彼らを本国に「退去」させたいというのが、日本政府のホンネだった。

だが、貧困者の韓国への「退去」については、一九五三年から始まった第二次日韓会談以降、韓国側が猛反発し、極力控える方向で議論が進行した。日本政府は韓国への在日コリアン貧困者の「退去」が困難であるとわかると、今度は北朝鮮に接近し、日朝赤十字交渉を通じた在日コリアンの北朝鮮への帰国事業を支援することで、彼らの本国送還を「人道的」に実現しようとした。[*2]

ところが、韓国政府はこうした日本の対応を、在日コリアンに対する自国の管轄権を侵すものとして強く非難した。そして、一九五九年に開催された「在日コリアンの

＊1　吉澤文寿『日韓会談1965』高文研、二〇一五年、二一九頁

＊2　北朝鮮への帰国事業：北朝鮮への在日朝鮮人の帰国事業が本格化したのは、一部の在日朝鮮人によって「集団的帰国決議」を行った一九五八年以降である。同年、決議を受けて、北朝鮮の金日成首相（当時）が「受け入れ」を表明。さらに同年、北朝鮮の南日外相が、「帰国者の生活を保障する」としたことで、帰国事業は本格化していった。その後も事業は継続し、八四年まで計一八七回、実施された。この事業で計九万三〇〇〇人以上の在日朝鮮人が北朝鮮に帰国したと言われている。だが、こうした帰国事業で本国に帰った在日朝鮮人の多くが厳しい生活を余儀なくされていること、またこの事業には多くの日本人妻が同行していたこともあり、当時、同事業をバックアップした日本政府の問題点も指摘されている（テッサ・モーリス・スズキ『北朝鮮へのエクソダス「帰国事業」の影をたどる』朝日新聞社、二〇〇七年）。

法的地位」委員会で、韓国側の代表は日朝間の帰国事業を阻止するために、在日コリアンの「韓国集団帰国案」を提案した。このとき、韓国側は日本政府に在日コリアンに帰国の便宜をはかるとともに、彼らに生活補償金を支払うことを要求した。[*3]だが、日本政府が補償金の支払いに難色を示したことで、同提案は実現されなかった。

こうした北朝鮮への「帰国事業」や、韓国政府が提案した在日コリアンの「韓国集団帰国案」が、日本にとどまることを選択した在日コリアンにも影を落としていたのである。

実際、在日コリアンの権益擁護などを掲げて設立された民族団体である在日本大韓民国民団（以下、「民団」）は、五〇年代に入って「韓国人業者は日本の銀行から金融の途《みち》が遮断《しゃだん》されている」として、韓国銀行の東京支店を通じて、コリア系の中小企業に融資することを要請していたほどである。[*4]

フォーマルな金融機関から排除された在日コリアン商工人たちは、在日コミュニティ内の相互扶助的な信頼関係で運営されていた頼母子講《たのもしこう》を通じて資金を調達してきたが、事業拡大のためにより大きな資金を調達するには限界があった。在日コリアン商工人たちが、頼母子講に比べて低利で大きな資金を調達するには、どうしても自分たちの手でフォーマルな民族金融機関を設立する必要があった。

動き出す二つの民族組織

だが、日本国内で外国人である在日コリアンが金融機関を設立するのは容易ではなかった。一九四九年、在日朝鮮人商工会が東京朝鮮人商工信用組合を設立する嘆願書を大蔵省銀行局へ提出したが、日本政府は当初「外国人の金融機関は許可した前例がない」という理由で難色を示した。

しかし一九五〇年代に入ると、在日コリアンの要請を受け、日本政府の対応にも変化が見られるようになった。一九五〇年一二月、すでに在日華僑の信用組合が認可されている現状を踏まえ、衆議院大蔵委員会が、在日コリアンが設立した信用組合も法律の基準に従って許認可するという方針を表明したのである。この方針転換を受けて、在日コリアンは一九五一年に再び民族金融機関の設立を申請した。

＊3 前掲『日韓会談1965』一三七頁
＊4 『民團50年史』在日本大韓民国民團中央本部、一九九七年、七四頁

だが、朝鮮半島に生まれた二つの政府、大韓民国と朝鮮民主主義人民共和国という南北分断の影響を受けて、日本社会にも北朝鮮政府を支持する総連（在日本朝鮮人総連合会）系と韓国政府を支持する民団系の二つの民族組織がそれぞれ民族金融機関の設立に乗り出すことになった。総連系の人々は「関東信用組合」の設立申請書を、民団系の人々は「経友信用組合」の設立申請書を大蔵省に提出したのである。*5

ところが、大蔵省は明白な理由を示さないまま両グループの申請を再び却下した。在日コリアンの商工人は落胆したが、ここで思いがけない好運が訪れた。同年に信用組合制度が改正され、監督官庁が大蔵省から都道府県に移されることになったのである。この結果、管轄になった東京都は在日コリアンの商工人に、申請を一本化すれば設立を認可すると発表した。

都の発表を受け、民団系と総連系の在日コリアンは、政治的対立よりも経済的利害を優先し、ついに一九五二年、南北合同の民族金融機関である「同和信用組合」（後に「朝銀東京」と改名）を誕生させた。

しかし、政治的対立の波乱要因をその内部に孕《はら》んだ南北合同の信用組合の運営がうまくいくはずがなかった。信用組合の運営において民団派閥が決裁しても総連派閥が否決する、あるいはその逆に総連派閥が決裁すると今度は民団派閥が否決するというような内部対立が頻繁に発生し、貸出が不可能になることもあった。

このままでは正常な運営ができないと判断した民団系の人々は、総連系とは切り離された別の金融機関を新たに設立することを画策した。そして東京都と交渉を重ね、一九五四年に「漢城信用組合」（後に「東京商銀」と改名）が独自に設立された。

当初、南北で金融機関を一本化することを望んでいた東京都が、民団系の信用組合の設立を別に認可したのはなぜだろうか。

その背景には、信用組合の管轄が大蔵省から都道府県に移管されてからの情況の変化があった。資金難に陥《おちい》っていた地域の中小企業を救済するためには、信用組合をできるだけ多く認可したほうがよいという方向性に、大蔵省や自治体の方針が変わっていったと考えられる。

こうした日本経済の方針転換の中で、民団と総連は、自らの組織的基盤を強化する手段として、日本全国の在日コリアンの集住地域に商銀と朝銀を次々と設立していっ

＊5　韓載香『「在日企業」の産業経済史』名古屋大学出版会、二〇一〇年、一六三頁

名称	所在地	設立年	組合員数
[民団系]			
大阪商銀	大阪	1953年	1,203
漢城信用組合	東京	1954年	728
京都実業信用組合	京都	1954年	594
愛知商銀	名古屋	1954年	707
大阪興銀	大阪	1955年	609
太平信用組合	神戸	1956年	701
熊本商銀	熊本	1956年	586
三重商銀	桑名	1956年	432
平和信用組合	福岡	1958年	500
[総連系]			
同和信用組合	東京	1952年	3,446
共和信用組合	神戸	1952年	3,236
大同信用組合	川崎	1952年	1,448
朝銀茨城	水戸	1953年	945
朝銀福岡	福岡	1953年	1,427
大栄信用組合	名古屋	1953年	2,464
商工信用組合	京都	1954年	2,500
大城信用組合	岐阜	1954年	666
朝銀福島	郡山	1955年	680
朝銀大阪	大阪	1955年	1,528
朝銀埼玉	浦和	1958年	339

表3の1　1950年代末時点での民団系信用組合と総連系信用組合（1958年）
出所：李瑜煥『在日韓国人60万』洋々社、1971年、179頁

た（表3の1）。民団も総連も、彼らの息のかかった信用組合を通じて在日コリアンの中小・零細企業を支援することが、組織強化につながると考えたのである。[*6]

大阪商銀の設立

こうした流れの中で、在日コリアン最大の集住地域である大阪でも、民団系の商工人を中心に「大阪商銀」が設立された。設立は、「同和信用組合」設立の翌年、「漢城信用組合」よりも一年早い一九五三年八月である。

大阪商銀が立地する大阪駅前の梅田は、戦後復興期に闇市が形成され、その後に繊維問屋街として発展することになるが、当時問屋街を仕切っていたのは多くの在日コリアンの繊維卸業者であった。大阪商銀は、繊維問屋のリーダーとして活躍した朴漢植《パク・ハンシク》（日本名・大林健良）が中心になり、繊維卸業者で構成された「梅田繊維卸商協会」を母胎にし、「韓日中小零細業者の自衛と共存共栄を目的[*7]」として日本人との

＊6　同書、一七二頁
＊7　『大阪商銀35年のあゆみ』一九八九年、二〇頁

共同出資で設立された。

梅田地域以上に在日コリアンが集住する鶴橋や桃谷（生野）など旧「猪飼野」地区でも、同胞企業の育成と救済をめざす民族金融機関の設立が望まれた。しかし、大阪にはすでに大阪商銀が設立されていたため、新たな在日コリアンの金融機関の設置交渉は難航した。

一九五一年に信用組合の管轄が大蔵省から都道府県に移された後、短期間に信用組合の設立ラッシュが続き、信用組合の過当競争を恐れた大蔵省が、翌五二年「事業認可にあたっては、その地方の金融経済の実情を勘案し、適切なものに限る」とする通達を各知事に出した。その結果、信用組合の認可が厳しくなっていたのである。*8

それでも大阪最大の同胞密集地域である鶴橋・桃谷（生野）地域に新たな民族金融機関の設立を願う人々は、「本国（韓国）政府からの援助資金の受け入れ機関」として、より在日コリアン企業支援に特化した金融機関を作る必要があるとして、ねばり強い交渉を続けた。

彼らが「本国政府からの援助資金の受け入れ機関」の設立にこだわったのは、一九五三年一月に韓国の李承晩《イ・スンマン》大統領が、在日コリアンの中小零細企業育成基金として二〇〇万ドルの送金を準備すると発表したからである（同年三月、韓国の国会でも承認）。訪日時に在日コリアンを視察した李大統領は、在日コリアンの商工人の多くが資金調達で苦労している現状を見て、彼らへの資金面での支援を決意し、そのニュースは瞬く間に在日コリアン社会に広まった。

しかし、関西には東京の漢城信用組合のような、本国政府からの支援金を受け入れることができる在日コリアン一〇〇％出資の金融機関はなかった。一九五四年二月、関西地域の在日コリアンを視察した駐日代表部の金溶植公使は、在日コリアン商工会の代表と懇談し、「大阪にも同胞独自の力による金融機関を早急に設立するよう」[*9]促したことで、在阪コリアンの新たな民族金融機関設立への思いは膨《ふく》らむことになった。

本国の要請を受けて、五四年六月、大阪の在日コリアンの商工人有志が集まり、本国からの支援金受け入れ機関として「在日韓国人による在日韓国人のための新たな金

＊8 前掲『大阪興銀三十年史』五三頁
＊9 同書、三〇頁

融機関」の設立をめざす発起人会が開催された。新たな金融機関の名称は「大阪漢城信用組合（仮称）」となった。策定された定款の原案には「組合員の資格は在阪韓国人に限る」[*10]と書かれ、すでに設立されていた大阪商銀と異なり、「在日韓国人による在日韓国人のための金融機関」をめざすことが宣言された。

府内に新たな信用組合を設立することに難色を示す大阪府との交渉は難航したが、発起人たちの粘り強い説得と熱意が府を動かした。そうしてついに申請から九ヵ月後の五五年四月、「大阪漢城信用組合」の内認可を得て、同年一一月に新たな在日韓国人系の信用組合が開設されることになった。

大阪興銀と鶴橋国際商店街

同信用組合を韓人密集地域の鶴橋に誘致するにあたって、大きな影響力を発揮したのは、当時「鶴橋国際商店街連盟」結成の立役者となった「ハッタ（博打）の親分」こと、李熙健であった。李は、自らが会長を務める在日コリアンの商店街を活性化するためには、在日コリアン商店主や起業家たちに円滑に資金供給できる在日コリアンの金融機関が必要だと考えたのである。

前章で見たとおり、李は闇市だった鶴橋を正規の商店街に変貌させたが、今度もそのときと同じように動いた。日韓を跨《また》ぐ人脈と政治力を行使して、本国政府とのコネクションを作り、大阪府に陳情を重ね、発起人たちを説得するなど、韓人マーケットが広がる鶴橋に新信組を誘致するため、李は日韓両国を奔走《ほんそう》したのである。

五五年五月一〇日に開催された新信組開設役員会で、組合事務所の設置場所に関する協議が行われた。李はそこで「鶴橋国際商店街連盟」に加盟する五〇〇余りの商店主を代表して「僑胞の密集地であり、商工活動も盛んな鶴橋地区へ設置してはどうか」と提案した。[*11] なお、信用組合の設置が決まると、李は連日、鶴橋で親友の金基淑《キム・ギスク》が柔道教室を開いていた金海道場に商店主を集め、商店街連盟の会長として招致活動を繰り広げていた（次頁、資料3の1）。ちなみに金基淑とは、歌手の和田アキ子の実の父である。

役員会では他の候補地も推薦されたが、討議の結果、同組合は賛同者の多かった鶴

＊10　同書、五一頁
＊11　同書、五六頁

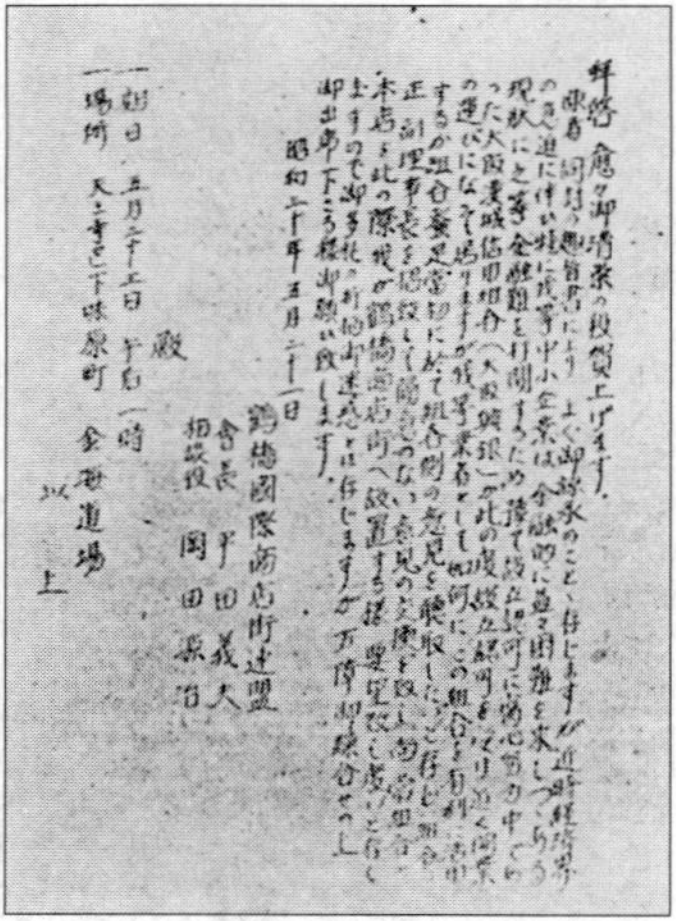
昭和三十年五月二十一日
鶴橋国際商店街連盟
一、期日　五月二十五日　午后一時
一、場所　天王寺区下味原町　金剛道場
以上

資料３の１　大阪興銀への協力を仰ぐ商店街連盟の案内状
出所：『大阪興銀三十年史』65頁

橋地区に建設されることになった。また新たな信用組合の名称は、「信用組合　大阪殖銀」「大阪信用組合」などいろいろな候補が出たが、最終的に「信用組合　大阪興銀」に落ち着くことになった。

一九五五年五月二九日、民団大阪本部で新信組の創立総会が開催され、組合名は「信用組合　大阪興銀」とし、理事長には発起人代表を務めた朴勝完《パク・スンヴァン》が就任した。そして同年一一月、国鉄鶴橋駅前に大阪興銀がオープンした。発起人七三名、組合員三四〇名、出資金一八五三万円、店舗数一、職員一五名という日本一小さな信用組合の誕生であった。

地域の同胞たちの期待を受けて営業を開始した大阪興銀だが、在日コリアンの中小零細企業に資金を提供するには、まず預金量を増やさねばならない。得意先係として配属された十数名の外務員たちは、毎日毎日自転車に乗って、信組周辺に集住する東成区と西成区の同胞を中心に顧客を開拓し、日掛け・月掛けの集金活動に明け暮れた。

なかでも同信組が最も力を入れたのが地元「鶴橋国際商店街」との取引である。当時、商店街を担当していたのはたった二名の女性だったが、「商店街連盟」の会長である李熙健の呼び掛けで約三三〇店舗から構成された同商店街のうち三〇〇店舗余が得意先となった。

さらに同商店街事業主への貸付も創業一ヵ月で七五件を記録した。大阪興銀と鶴橋国際商店街が李熙健という接着剤を通じて強力な相互依存関係を形成していったことがわかる。外務員たちは一人一〇〇軒から二〇〇軒の得意先を作ることがノルマであったと言われているが、彼女たちの努力によって、オープンからわずか一ヵ月後の一九五五年一二月末には、預金高は目標を上回る一億三〇〇〇万円を記録することになった。[*12]

＊12 同書、六二頁

政権交代劇と李熙健体制の出帆

一九五六年五月二九日、大阪の森ノ宮の市立労働会館（現、森ノ宮ピロティホール）で大阪興銀の第一回通常総会が開催され、八九一名の組合員のうち五一八名が参加し、役員改選が行われることになった。参加者の多くは組合の創設者ともいえる朴勝完が理事長として再選されると思っていた。

ところが、総会の前に開催された理事会で、朴勝完一人を理事長として再任するのではなく、代表理事を二名制にしようという声が反朴勝完派の理事からあがり、理事会は紛糾《ふんきゅう》した。結局、代表理事二名制が採用され、新理事長に李熙健が、前理事長の朴勝完は組合長に選出された。表向きは代表理事二名制という体裁をとっていたが、理事会の権力は李熙健に集中し、朴勝完がついた組合長というポストはなんの権限もない単なる名誉職であった。

李熙健派は札束攻勢で理事会の多数派工作を進めていたが、朴勝完派は直前までその事実をつかんでいなかった。地域を生野区に限定したリージョナルな民族金融機関を目指す朴勝完派に対し、大阪全域に支店拡大を目指す李熙健派による「乗っ取り劇」であった。[*13]

新理事長に就任した李熙健は、その翌日から大阪興銀の財政基盤を強化するために預金獲得に力を注いだ。といっても、大阪市内には先発の大阪商銀があり、後発の大阪興銀に預金してくれる同胞は簡単には探せない。

切羽詰まった李は自宅と自分のパチンコ店を担保に入れ、三四〇〇万円の資金を調達、その金を外務員に持たせ、鶴橋商店街のみならず民団名簿を手掛かりに市内の在日コリアンの自宅を一軒一軒回らせた。そこで利息を先払いし、預金を獲得したのである。[*14] もちろん経理上は預金利息の先払いはできないので、先払いの負担分は李理事長が負うのだが、こうした必死の努力が実り、大阪興銀の預金高は順調に増えていった。

李熙健体制が陣頭指揮をとった一九五六年、年度末の総預金高は六億一五三〇万円

*13 金美鈴「闇市からのし上がった在日金融界のドン・李熙健」、森功他『戦後日本の闇を動かした「在日人脈」』宝島SUGOI文庫、二〇一三年、一九八頁
*14 前掲『大阪興銀三十年史』六七頁

を計上し、大阪府下にある四七の信用組合の中で早くも第二位の預金高を記録した。出資金も最初は無配当だったので勧誘は難航したが、理事が先頭になって出資金を集めることで、五七年初頭に出資額は六五五七万円に達し、大阪府下の信用組合の中で第一位に躍り出ることになった。また組合員も一一六三名となり、当初の目標の一〇〇〇名を突破した。[*15]

五七年から五八年にかけて、李理事長の号令の下で、さらなる預金増強運動が展開された。この時期、多くのユニークな金融商品が開発されたが、「賞品くじ付き記念無記名定期預金」はとりわけ好評で、五八年末の預金高は八億円を記録した。一方、貸出金も七億七〇〇〇万円を記録し、預貸率が九割を超えるという高水準の状況にあって、組合員の旺盛な資金需要に十分にこたえることができないという嬉しい悲鳴に悩まされ続けた。しかし、「預金の範囲内で貸出の実行」という健全経営を維持したことで、同五八年には年三分であるが、初の配当を出すこともできた。[*16]

一九六〇年九月、理事会で「新たな支店設置」問題が提案され、従来から要望の高かった西成区とならび、生野区での支店設置問題が議論された。当時、生野区の在日コリアン人口は約九〇〇〇世帯に達していたが、組合員はわずか三〇八名にすぎなかった。大阪興銀が「在日韓国人による在日韓国人のための金融機関」として発展していくためには、どうしても生野にもマーケットを拡大していく必要があったのである。

理事会の提案をうけて、一九六一年一月、大阪興銀の初の支店を生野区に設置することが決定された。新支店の住所は「大阪市生野区猪飼野東五丁目二六の一」で、最大の在日コリアン人密集地域である猪飼野の中心部に大阪興銀生野支店が誕生した（生野支店は七三年に所在地を移転している）。

新支店に配置された三名の職員は連日自転車に乗って、民団生野支部や生野韓国人商工会から紹介された名簿を頼りに、在日コリアンの家庭や商店・工場を一軒一軒訪問し、顧客開拓につとめた。職員たちの熱心な顧客開拓運動の結果、地元の有力者二八名で構成された「生野支店協力会」も誕生し、一九六一年九月に生野支店が開店すると、初日の来客数は二〇〇名、預金高は七〇〇〇万円に達した。[*17]

＊15　同書、七〇〜七一頁
＊16　同書、七四頁
＊17　同書、八二頁

本国からの支援金受け入れ

大阪における在日コリアンのメインバンクとして期待された大阪興銀であったが、設立当初の財政事情は厳しかった。「本国（韓国）政府からの支援金の受け入れ機関」として設立を認可された大阪興銀であったが、韓国政府からの融資がなかなか実現しなかったためである。

韓国政府の対応に苛立ちを覚えていた大阪韓国人商工会（一九五三年設立）は母国視察団を結成し、本国政府に何度も陳情を行っていた。大阪興銀の設立直前の一九五五年四月に実施された第三次視察団では李熙健が団長を務め、本国政府が約束した「一〇〇万ドルの同胞（在日コリアン）中小企業育成基金のうち、五〇万ドルの早期実施」を外務・商工・財務関係者に要請している。[*18]

また信用組合関係者も、五六年に「在日韓国人信用組合協会（会長・朴漢植、副会長・李熙健、以下、韓信協と略記）」を設立し、融資実現のため韓国政府にロビー活動を展開した。

このとき、韓国政府とのパイプ役を務めたのもやはり李熙健であった。

こうした在日コリアン商工人の陳情活動によって、ようやく一九六〇年一二月、「同胞中小零細企業育成基金」の一部である五〇万ドルが、翌六一年には同基金の残金一五〇万ドルが、韓国外換銀行の在日支店を窓口にして、全国の在日信組に送金されることになった。

本国からの送金を受け、さっそく支援金の在日信組への配分方法についての協議が行われたが、最終的に韓国銀行から提示された在日信組への分配比率は、大阪興銀二〇%、大阪商銀二〇%、東京商銀一五%、京都実業信用組合（後の京都商銀）九%、愛知商銀一二%、太平信用組合九%、三重商銀五%、熊本商銀五%、平和信用組合五%というもので、資金配分は西高東低を象徴するものとなった。[*19]

実に大阪の二つの在日信組に本国資金の四割が集中投入されたが、こうした傾斜配分の背後には、当時韓国政府との協議を仕切っていた韓信協の会長・朴漢植や副会長・李熙健の政治力が、明らかに働いていた。この時期、李熙健副会長から仲介者を

＊18 同書、四七頁
＊19 前掲『「在日企業」の産業経済史』一七八頁

通して韓国の有力者に少なくない政治献金が流れていたという証言も筆者は得ている。[*20]

いずれにせよ、本国からの支援金が在日韓人信用組合の財政基盤となっていたことは間違いない。在日コリアンの金融機関を分析した北海道大学の韓載香の研究によれば、大阪興銀の預金高に対する本国融資の金額とその割合は六一年度一億八〇〇万円(八・四％)、六三年度九八〇〇万円(四・一％)、六五年度九三〇〇万円(二・五％)を占め、本国融資が一九六〇年代前半期、同信組の資金不足を補う重要な資金源になっていたことがわかる。[*21]

資金不足に苦しんでいた大阪興銀にとって、年間一億円近い本国からの送金は、スタート時点から同信組につきまとってきた財政不安を一掃し、在日コリアンからの信用を確保する原資となった。そして、大阪興銀は本国からの支援金を基礎財源として、生野を中心とする在日コリアン商店主や中小企業オーナーとの預金・貸出の相互依存関係を強化していった。

このように、一九五〇年代後半期から一九六〇年代の前半期において、韓国政府(本国資本)、在日コリアンの民族金融機関(大阪興銀)、在日コリアンのマーケットの三者間には、民族的な三者同盟関係と呼べるかもしれない、強固な民族紐帯《ちゅうたい》関係があった。

当時、こうした三者が強い求心力を見せるようになったのは何故だろうか。

その理由として、民団が韓国系の在日金融機関を通じて本国からの支援金を在日コリアンの商工人に分配することで、在日コリアンが朝鮮総連に流れるのを食い止めようとしていたことが考えられる。

一九五〇年から五三年まで朝鮮半島を舞台に繰り広げられた朝鮮戦争は韓国人に強い反共意識を植え付け、休戦協定締結後も李承晩政権は徹底した反共政策を展開したが、北朝鮮政府を支持する日本の朝鮮総連の勢力拡大は、日本政府のみならず韓国政府にとっても目障《めざわ》りな脅威であった。韓国政府もまた在日コリアン社会の共産化を防ぐため、韓国系の在日信組に経済的梃子《てこ》入れを行ったのである。

一方、設立当初から経営が不安定だった在日信組は、本国からの支援金獲得で財政

＊20　元韓信協幹部A氏の証言
＊21　前掲『「在日企業」の産業経済史』一七九頁

基盤を強化しようとした。また商店街の在日コリアンは在日信組の組合員になる見返りに、本国からの支援金を利用することができた。韓国政府、在日金融機関、在日商工人の三者は、一時期、こうした利害関係の下に相互依存関係を深めていった。

だが、六〇年代後半に入って本国からの支援金がなくなると、こうした三者の関係は変容を余儀なくされ、大阪興銀を含め在日信組は本国から自立した成長路線を模索せざるをえなくなった。在日コリアンの民族金融機関として生まれた大阪興銀が、六〇年代の後半から在日コリアンを対象にした本格的な預金獲得運動に乗り出したのは、そうした時代の変化に対応したものであった。

第四章　日本一の信用組合へ

預金増強運動の展開

大阪興銀理事長に就任した李熙健は、一九六〇年代の後半から七〇年代末にかけて、大阪興銀（後に関西興銀）を、在日コリアンの信用組合の中でナンバーワンの信組に育てただけでなく、日本有数の信用組合に育てあげた。はたして、その急速な成長の背景にはどのようなカラクリがあったのだろうか。

当然の話だが、信用組合が発展していくためには、金融機関としてベースとなる預金を増強していかねばならない。なかでも組合員たちの旺盛《おうせい》な設備投資の需要に応えるためには、長期にわたり安定した資金を吸収していく必要がある。

そのために、理事長・李熙健が行ったことは、忠誠心旺盛な職員を育て、彼らを預金増強運動に動員することであった。これは、彼が敬愛していた韓国の朴正熙《パク・チョンヒ》大統領が六〇年代に開始した、大統領主導による「経済開発計画」からヒントを得たものであった。

一九六一年に軍部出身の朴正煕が大統領になると、自身に意思決定の権限を集中させるとともに、経済企画院を設立して「経済開発五ヵ年計画」を策定し、限られた期間内に経済的目標を達成させるために徹底した企業統治と労働統制を行った。李はこうした韓国の「開発独裁」[*1]型の経済システムを研究し、預金目標値を達成するために、理事長への忠誠心を絶対視する徹底した労働統制を実践した。

その内実は、目標を設定してそれを大衆運動化するという、北朝鮮で一九五〇年代に行われた千里馬《チョンリマ》運動[*2]に近いものであったと指摘する元幹部の証言もある。

一九六〇年代に大阪興銀の幹部であったK氏は、「李熙健理事長は、北の金日成、南の朴正煕以上に、われわれにとってのカリスマ的指導者であり独裁者でした。理事長の有無を言わせない強引なやり方は、職員の中で摩擦も生みましたが、先の見えない私たち同胞社会に希望を与えてくれたことも事実です」と言う。[*3]

こうした大阪興銀の預金増強に向けた職員総動員運動が展開されるようになったのは、本国からの資金援助が打ち切られようとしていた一九六四年以降のことである。

まず一九六四年六月一日から六月末日まで、目標値を二〇〇〇万円として、「第一次預金増強運動」が行われた。対象となる預金は定期と積金で、継続分を含まない純預金とした。そして実効性を高めるため、男子職員一人当たり三〇万円、女子職員一人当たり一〇万円のノルマが課された。成果は毎週報告され、成績優秀者は全職員の前で表彰、賞金が授与される一方、ノルマを達成できない者は上司から叱責を受けた。

さらに、同年八月一日から九月末日まで「第二次預金増強運動」が行われた。その

＊1　開発独裁とは、一九六〇年代から一九七〇年代に東アジアで顕在化した政治経済システム。韓国・台湾・シンガポール・フィリピン・インドネシアなど、東アジアの多くの開発途上国では、一九六〇年代前後、外資導入による経済開発を行うためには政治独裁も正当化されるとした「開発独裁」が流行した。こうした地域では、大統領や総統などの開発指導者に多くの権限が付与される一方で、外資系企業を誘致する輸出工業団地では労働者の労働争議が禁止されるなどの労働統制が行われた。

＊2　千里馬運動：『千里馬』とは、一日に一〇〇〇里（北朝鮮の単位で約四〇〇キロ）を走る伝説の馬。北朝鮮では、とてつもなく速い速度で社会主義経済建設を推し進めようというスローガンとして一九五六年一二月からこの「千里馬運動」が展開された。

＊3　元大阪興銀幹部K氏の証言

実施にあたっては、安定的な貯蓄の増加を図るため、小口の無記名定期預金が発売された。期間は一年満期、証書の額面は五〇〇〇円、一万円、五万円の三種類で、あらかじめ証印が押された半完成品の状態で準備された。この商品は爆発的にヒットし、預金増強運動を成功に導く牽引車の役割を果たした。

一九六四年に行われた「第一次・第二次預金増強運動」を皮切りに、この年から毎年と言ってもよいほど、大阪興銀では預金増強運動が実施されるようになった。理事長から指示された預金増強運動の目標は必ず達成されなければならず、全店舗の役員の責任においてクリアすべき厳しいノルマが課された。

一九六五年四月、李熙健理事長は本店に職員を集め、次のように厳しく訓示をしている。

当組合の期末総預金目標四五億五〇〇〇万円は、なんとしてでも完遂していただきたい。最近は若干低調気味のようであるが、これまでのように一致協力してがんばれば、必ず達成できるものと確信する。[*4]

李熙健理事長の言葉は職員にとっては逆らえない「神のお告げ」であった。職員は目標を達成するために、死に物ぐるいで預金集めに奔走した。その結果、同期の決算で総預金額は四六億七〇〇〇万円に達し、目標はみごとに達成された。

総預金一〇〇億円への途

一九六〇年代の末から、李熙健は大阪興銀の総預金一〇〇億円を当面の目標に設定するようになった。一九六七年一一月一一日、大阪興銀の創業記念日に、李は「本店新築記念預金一〇〇億円突破運動」を開始することを宣言。全職員が胸に「一〇〇」をあしらったワッペンをつけ、「全店外交」を合言葉に「総預金一〇〇億円突破運動」は進められた。

「総預金一〇〇億円」を達成するために、各支店に独自の企画を競わせた。本店は特別感謝月間、生野支店では有力得意先との懇談会、天下茶屋支店では開店五周年記念パーティー、天六支店では開店三周年預金増強運動、布施支店では民団支部団長によ

＊4　前掲『大阪興銀三十年史』一一〇頁

る一日支店長を、それぞれ実施し、大きな成果を収めた。こうした各支店による預金増強競争の結果、六八年三月、総預金は一〇七億円を計上し、ついに一〇〇億円の目標を達成した。

総預金一〇〇億円を達成した李熙健は、七〇年代に入ると、新たな目標として本店営業部単独で一〇〇億円の預金を集めることを指示している。李は、それぞれの店舗に預金獲得額の高い目標を設定することで、一挙に預金高を増やせると見込んだのである。

だが、当時、本店営業部に勤務する職員は部長を含めてわずか三三名しかいなかった。そこで本店営業部長は、内勤以外の職員を①日掛け集金担当、②新規顧客開拓担当、③有力取引先担当の三班に分け、それぞれの部門に資源を集中して預金増強運動を行わせることにした。

日掛け集金担当班は女子職員二名が信組のメイン・グラウンドである鶴橋国際商店街の五〇〇店舗を担当し、一人一日一八〇店舗の集金にあたらせた。新規顧客開拓班は若手の男子四名に、有力取引先はベテラン男性五名にそれぞれ担当させた。

日掛け集金担当と新規顧客開拓担当には一人当たり毎月三〇〇万～五〇〇万円以

上、有力取引先担当者には一人毎月三〇〇〇万円以上のノルマが課された。またそれ以外の内勤職員については内部事務が多忙であることを考慮し、一人一ヵ月に新規顧客を二軒以上獲得することがノルマとされた。[*5]

彼らは目標を達成するため、本来は休日だった土日もつぶして親類、友人、知人宅を回り、ほとんど休むことなく預金獲得運動を繰り広げた。

　こうした三三名の職員の血の滲《にじ》む運動の結果、一九七一年二月、本店営業部は総預金一〇〇億円を達成した。

　大阪興銀の預金増強運動は、さらに高い目標を設定しながら、一九七〇年代に入ってからも繰り返し継続された。総預金一〇〇億円を達成した一九六八年から一〇年後の七八年には、さらにその一〇倍の「総預金一〇〇〇億円」を目指す預金増強運動が展開された。

　七八年七月一五日、大阪のキャッスルホテルの屋上に全職員四六五名が集められ、「一〇〇〇億円達成預金増強運動決起大会」が開催された。李熙健理事長は冒頭の挨

＊5　同書、一四一頁

拶で、職員に向けて以下のような檄を飛ばしている。[*6]

名実ともに外国系信組のトップ、さらに大阪府下信組界のトップとして、経営体質の強化に十分時間をかけてきた。一〇〇〇億という量は決して無理な目標ではなく、これから全役職員が努力の結晶でつくりあげていくものだ。七月一七日からの増強運動で、九月末一〇〇〇億を必ず達成できるよう全員が力を合わせよう。

理事の挨拶の後、支店別職員による弁論大会が行われ、一三名の職員から「預金一〇〇〇億円達成」に向けた強い決意が表明された。

実質的にはこの前年、七七年八月から「預金一〇〇〇億円達成」を合言葉に「一人一〇〇〇軒訪問運動」がすでに行われていた。さまざまなところで「一〇〇〇」という数字が職員の脳裏に刻み込まれ、彼らをゼンマイ仕掛けのロボットのようにつき動かしたのである。

この時期の預金増強運動の主力商品は五〇万円を一口とする抽選付定期預金であっ

た。目標の一万口が支店別に割り当てられ、本部にも二〇〇口が割り当てられた。渉外職員たちの地を這いずるような訪問運動の結果、抽選付定期預金は完売し、ついに七八年九月三〇日、総預金は一〇二二億円に達した。総預金一〇〇〇億円という金字塔を打ち立てたとき、ソウル出張中の李熙健理事長は滞在先のソウルから次のようなメッセージを職員に送った。[*7]

私たちに現状維持という言葉はありません。前進しないということは、即ち後退を意味します。拡大しないということは、即ち縮小を意味します。この成果を守る道は、決してここにとどまるのではなく、あらたに二〇〇〇億、三〇〇〇億という大目標にむかって、前進の第一歩を踏み出すということをおいて他にはありません。

＊6　同書、一七六頁
＊7　同書、一七七頁

総預金一〇〇億円を達成すれば、次は一〇〇〇億円、その次は二〇〇〇億円と、李熙健の預金目標は際限なく拡大された。それは、まさに果てしない闘いであった。

在日コリアンのビジネスネットワーク

こうした預金増強運動は六五年から七八年まで実施されたが、不思議なのはほぼ毎年、目標値を上回る実績を上げたことである。

在日コリアンの金融機関に詳しい北海道大学の韓載香が算出したデータによると、わずかな例外は一九七三年の預金増強運動が九三％台にとどまっただけで、その他の年はすべて一〇〇％を上回る実績を残し、その平均目標達成率は一二三・六％を記録している（表4の1）。ほぼ同じ期間に預金増強運動を実施してきた東京商銀の平均目標達成率が九三・六％だったことを考えると驚きの数字である。[*8]

なぜ大阪興銀は、他の在日信組に抜きん出て、これだけの成果を上げることができたのだろうか。その理由の一つとして、大阪興銀は預金獲得のターゲットを他の在日信組のように日本人市場まで広げず、徹底して在日市場に絞ったことが功を奏したと考えられる。

年度	目標値(A)	実績(B)	達成率(B/A)
1965	4,505	4,673	103.7%
1967	10,000	10,705	107.1%
1969	20,000	20,151	100.8%
1973	50,000	46,694	93.4%
1974	60,000	60,128	100.2%
1975	70,000	75,100	107.3%
1976	80,000	87,104	108.9%
1978	100,000	111,200	111.2%

注・目標値と実績の単位は百万円

表4の1　大阪興銀の預金増強運動とその実績
原資料：『大阪興銀三十年史』1987年
出所：韓載香『「在日企業」の産業経済史』名古屋大学出版会、2010年、202頁

もともと大阪興銀は、「在日韓国人による在日韓国人のための金融機関」を目的にして設立された。少なくとも一九八〇年代に入って同信組がグローバル化する以前は、そこで働く職員も、取引する組合員も、在日コリアンに限定されていた。民族主義的傾向は他の在日信組でもみられたが、職員や組合員を在日コリアンに限定した信組は大阪興銀しかなかった。

設立当初、大阪興銀の職員採用は在日コリアンの組合員の紹介や推薦による縁故採用が中心であったが、一九六一年から他の一般企業と同じように採用試験が実施された。これによって、大学を卒業しても

＊8　前掲『「在日企業」の産業経済史』二〇二頁

就職差別の壁で日本の企業に入れなかった優秀な在日コリアンの人材が大阪興銀に集まるようになったのである。

実際、当時の人事担当者の話を聞くと、日本人の優秀な学生は集まらなかったが、韓国籍の在日学生であれば、日本国籍なら大手都市銀行に入ってもおかしくない高学歴の逸材が、大阪興銀に入行してきたという。[*9] 金融界をめざす在日コリアンの大学生にとって、大阪興銀は数少ない就職先の一つであったのだ。

大阪興銀が在日コリアンに絞って採用を行った理由は、優秀な人材を確保できるからだけではない。在日コリアンの顧客を相手にするには、職員も在日コリアンであるほうが、なにかと都合がよいという事情もあった。

大阪興銀は六〇年代から七〇年代を通じて預金増強運動を展開し、そのつど新規顧客を開拓し、預金範囲を拡大してきたが、その際の基礎データになったのが、鶴橋国際商店街や民団生野支部、商工会や道民会など民族団体が発行していた名簿である。

最初は大阪興銀もこうした名簿を手掛かりに新規のお客を開拓していった。しかしこうした名簿が把握しているのは実際の在日コリアンの半分程度だった。そのため、在日コリアンの集住地域を職員に一軒一軒回らせ、表札から在日コリアンかもしれない人物を見つけだし、組合員になってもらうという地道な作業が続けられた。

こうした作業を行うには、日本名で書かれた通名を見ただけで在日コリアンとわかる在日特有の感覚が必要である。例えば、表札に「金本」と書かれてあれば「金」さん、「新井」と書かれてあれば「朴」さん、「伊原」と書かれてあれば「尹」さん、「張本」と書かれてあれば「張」さん、「梁本」と書かれてあれば「梁」さんと直感でわかる能力である。

そして相手が在日コリアンとわかると、「実は私も在日なんですよ」と言うだけで、信頼関係をつくることができる。そしてうまくいけば、その親族など別の在日コリアンの関係者を紹介してもらえる可能性もある。そのような意味で、在日ネットワークに根差した預金増強運動の担い手は、在日コリアンでなければならなかったのである。

また、こうして組合員となった在日コリアンの組合員と強固な紐帯関係を築くために、李熙健理事長はさまざまな仕掛けを行った。それは演出と言ってもよいかもしれ

＊9　元関西興銀職員Aさんからのヒアリング

ない。

たとえば、一九六八年から始まった在日コリアンの高齢者を対象にした敬老会は、大阪興銀に対する組合員の求心力を高める恒例行事の一つになった。「在日コリアンのお年寄りの長年の苦労をねぎらいたい」という目的で、大阪興銀は民団大阪本部に六〇歳以上の高齢者の調査を依頼。判明した市内の七〇〇名の該当者に招待状を送り、六八年九月一五日、大阪興銀の主催で第一回敬老会が開催された。

李理事長は主催者として挨拶し、八六歳の最高齢者と金聖洙さん（当時七〇歳）に記念品を贈呈、その後は韓国歌謡ショーが行われ、大盛況だったという[*10]。

その後、敬老会は毎年開催され、参加規模も拡大していったが、李理事長の狙いは在日コリアンの高齢者の所在地を確認し、彼らとの接触をきっかけに、その家族の冠婚葬祭のお手伝いを職員にさせることであった。実際、在日コリアン一世・二世の世代では、敬老会を通じて組合員になった人も多く、先立った夫の葬儀から長男の結婚式まで、香典や祝儀の受付を大阪興銀のスタッフに委ねた人も少なくなかった。

大阪興銀が組合員を対象に開催したゴルフコンペや忘年会、温泉旅行や海外研修などの恒例行事は、日本のコミュニティから疎外されてきた在日コリアンの絆を強めるとともに、大阪興銀と組合員との相互依存関係を強化していくうえで大きな力を発揮していたのである。

レインボー運動

大阪興銀は、在日コリアンのネットワークビジネスをさらに強化するために、一九七八年一一月一一日の大阪興銀の創業記念日を機に「レインボー運動」という組織強化運動を開始した。

この運動は、激変する経済環境への適応力を高めるためには、「相互扶助、相互親睦こそ同胞（在日コリアン）社会発展の基盤」というこれまでの理念を再確認し、同信組、在日コリアン社会、本国（韓国）の三者同盟関係を強化することで、同信組を活性化しようとするものであった。*11

「レインボー運動」は、第一次中期計画（一九七八〜八〇年）から第五次中期計画（一

＊10　前掲『大阪興銀三十年史』一〇七頁
＊11　同書、一九八〜一九九頁

九八六〜八八年）までその後約一〇年間に亘って継続されるが、当時の大阪興銀が発表した『レインボー運動計画』には、こんな運動理念が掲載されている。

私たちは今日まで在日韓国人社会の驚異的発展を支えてきた最大の力を〝一枚岩の伝統的機動力〟即ち、モンゴリズムであるという認識に立ち、その継承に向け全力を傾注してまいりました。（中略）未来への私たちの飛翔を不滅のものとするためにも在日韓国人社会の存続にとっての梵なる力、即ちモンゴリズムを絶えず継承していくことを忘れてはならないと確信いたします。（中略）私たちはこの「モンゴリズムの継承」が、レインボーグループ、さらには、在日韓国人社会全体の存続と発展にとり不可欠かつ永遠の精神であると考え、行動基準の冒頭に掲げるものであります。[*12]

計画書には、在日韓国人社会の存続と発展のため民族金融機関はいかなる役割を果たすか、という内容が綴《つづ》られているが、その内容は、一言でいえば「相互扶助、相互親睦」を名目に、在日コリアンの組合員を増やし、彼らからの預金高を一円でも多く増やすことである。

内勤職員によるサークル、渉外担当者によるサークル、取引先によるサークルの三つのサークルを母体にして運動が展開されたが、注目されるのは、「同胞社会への貢献」などのキャッチフレーズで、信組の役員や職員だけでなく、取引先をサークルのメンバーに囲い込もうとしたことである。

その方法としては、①在日コリアンの世帯の住宅、教育、結婚のために必要な資金ローンの充実、②在日コリアン主催の納税経友会活動への支援（第一期計画）、③在日二世・三世経営者の育成指導などが実施された。

「レインボー運動」は、大阪興銀の各営業店に設置された「ブルーサークル」という名の組織によって推進されたが、そのリーダーは職員ではなく、かならず取引先から選出した。それは取引先の同胞商工人を巻き込んで展開するためであった。

「ブルーサークル」は、①企業部門、②青年部門、③少年部門、④婦人部門、⑤敬老部門に分けられ、企業部門と青年部門では「経営者大学」や「本国（韓国）産業視

＊12　同書、四〇四頁

察」、少年部門では在日児童を集めた「サマーキャンプ」、婦人部門では親睦旅行や韓国人のための礼儀作法を学ぶ講習会、敬老部門では在日コリアンのお年寄りを集めた敬老会などが、それぞれ実施された。

こうしたレインボー運動は、大阪興銀と在日コリアンの紐帯関係を強化するものであったが、運動がここまで徹底化された背景には、当時（七八年時点）の大阪興銀の試算で、在日系の信用組合全体の預貯金額を合わせても、在日コリアン全体の預貯金総額（推定三兆二五〇〇億円）のまだ一三％程度しか獲得できていないという経営陣の認識があった。[*13] 当時でも在日コリアンの預貯金の多くは頼母子講などの地下金融に流れていたが、レインボー運動を通じて、大阪興銀がさらに在日コリアン社会に浸透していけば、大阪興銀の預金高はかならず拡大できると、経営陣は考えていたのである。

このタレなら貸せる

そしてついに、一九七八年に総預金一〇〇〇億円を突破すると、それ以降、大阪興銀は預金と同時に融資にも力を入れるようになった。そこには、在日コリアンの旺盛な資金需要に充分応えうる資金力を確保できたという判断があった。

ところで、大阪興銀が取引する在日コリアンの商店や企業には、焼肉店、パチンコ、ファッションホテル、モーテル、ソープランド、サラ金など、当時の日本の金融機関が相手にしないアンダーグラウンド・ビジネスが多かった。そうしたアングラ・ビジネスに事業として資金提供を行うのはリスクが伴うとして、日本の金融機関が忌《き》避《ひ》してきたのである。

しかし、李熙健理事長は逆に日本の金融機関が融資しない在日企業にこそビジネス・チャンスがあると考えた。各支店から在日コリアンの職員をそれぞれの現場に派遣し、そこで実際に働かせることで、徹底的に在日の商店や企業を研究させ、「担保不足でも貸せるかどうか」の業種別の融資基準を作らせた。この結果、たとえ担保がない場合でも、焼肉のタレの味やパチンコ台の性能を担当者が評価して融資することが、大阪興銀では可能になった。[*14]

＊13　同書、二〇一頁
＊14　元関西興銀職員Hさんの証言

さらに大阪興銀が融資強化策として力を入れたのが、書類作成代行である。当時、経営の中心にいた在日コリアン一世の商工人の中には、日本語を満足に書けない人たちが少なくなかった。また数字が苦手で決算書を作れないという人も多かった。日本の金融機関から融資を受ける場合には、過去三年分の決算書のみならず計画書などの書類を自分でそろえなければならないが、大阪興銀はこうした書類作成を代行することで、在日コリアンの商店主や企業オーナーから歓迎された。[*15]大阪興銀の貸出金利は日本の金融機関にくらべ決して低いものではなかったが、他の金融機関ではできないこうしたプラスアルファのサービスが、大阪興銀への融資依頼を拡大させたのである。

しかし、このまま大阪興銀が同胞企業への融資を拡大していくためには、さらに豊富な預金が必要であり、そのためにはこれまで以上に強力な預金増強運動を展開しなければならない。だが、「在日韓国人による在日韓国人のための金融機関」にとどまっている限り、限定された在日コリアンの市場規模には限界があった。こうしたジレンマを解消するために、李熙健理事長が目をつけたのが一九八〇年代に自由化された本国（韓国）市場であった。

＊15　前掲『「在日企業」の産業経済史』一三三一頁

第五章　本国への進出

紡績王・徐甲虎の悲劇

韓国では、一九六〇年代に入ってから輸出志向型の工業化を進めるため、積極的な外資導入策が展開された。六五年には日韓の国交が正常化し、日本から本格的な対韓投資が始まっている。なかでも、日本で事業に成功した在日コリアンの本国投資は著《いちじる》しく増加し、国交が正常化した六五年から朴政権末期の七八年までに、彼らが本国に投資した総額は一〇億ドルを超えた。

しかし、愛国心から祖国に進出するものの、ビジネス・スタイルのまったく異なる韓国で成功する者はわずかしかおらず、つまずく同胞企業のほうが多かった。韓国政府の対外政策に対する誤った認識、煩雑《はんざつ》な投資手続き、機械や部品を輸入する際の通関手続きの遅滞、在日コリアンに対する税務処理上の不利益など、日本とは異なる商慣行は在日コリアンの商工人たちを苦しめたのである。

さらに、在日コリアンは韓国籍を持つにもかかわらず本物の韓国人として見なされなかった。ときには、日本から韓国市場を狙って進出してきた「パンチョッパリ（半日本人）*1」と揶揄《やゆ》されることもあり、そうした「在日差別」は、ビジネスの大きな障害になった。

本国投資の先駆者と言われ、韓国に邦林紡績を設立した徐甲虎《ソ・ガッポ》（日本名・阪本栄一）も、「在日差別」に苦しんだ本国進出組の一人である。日本で成功しながらも、韓国でつまずいた彼の栄枯盛衰のドラマは、本国投資という誘惑の背後に潜むリスクを、改めて多くの在日商工人に伝えるものとなった。

徐は一九一五年、韓国の慶尚南道蔚州郡三南面に生まれた。一九二八年、徐は故郷の慶尚南道を離れ、単身日本に渡ってきた。当時一四歳だった徐は、大阪の商家に丁稚奉公に入り、しばらく機織《はたお》り技術を学んだ。技術を習得した徐であったが、その後商家を飛び出し、アメ売り、廃品回収、タオル工場の油差しなど、数えきれないほど多くの職業を経験した。そして一九四〇年、二五歳にして軍需物資を扱う阪本産業を設立した。

ビジネス・チャンスが訪れたのは、第二次大戦後である。軍需物資の売買で一儲けした徐は、終戦直後に廃棄処分された紡績機を買い集めて、泉南の小さな工場を買い取り、一九四八年三月に阪本紡績を設立した。

終戦直後で衣料品が不足する中、阪本紡績への注文が殺到した。一九五〇年には、泉南にあった川崎重工業の工場を二〇〇〇万円で買い取り第二工場を建設し、新会社・大阪紡績（資本金一億円）を全額出資で設立した。短期間に紡績工場の規模を拡張した徐に確かな勝算があったわけではない。しかし、同年六月、工場の規模拡大の時期を見計らったように、朝鮮戦争が勃発。この戦争の特需景気の波に乗って、彼の紡績会社は急成長を遂げることになった。

その後も、徐の勢いはとまらず、一九五五年には経営不振に陥っていた常陸紡績（資本金七〇〇〇万円）を買収し、傘下に収めた。一九六一年、徐は年商一〇〇億円を稼ぎだす西日本最大の紡績王となり、一五〇〇人の従業員と一八万錘の設備を有する

＊1　「チョッパリ」は「豚の足（チョッパル）」を意味する言葉で、日本人に対して韓国人が使う蔑視的表現。そもそもは日本人の履く下駄からイメージされた言葉と言われている。さらに「パンチョッパリ」は「半日本人」という侮蔑表現となる。

資料5の1　日本の新聞や雑誌に掲載されていた当時の阪本紡績の広告

阪本紡績グループは、戦後日本の経済復興を支えた一〇大紡績の一つに数えられるほどの大企業に成長した。

紡績業で成功をおさめた徐は、やがて事業を不動産、ホテル、ボウリング場まで拡大するなど、さまざまなビジネスに旺盛な意欲を示した。[*2]

徐が当時、企業家としてどれくらい成功したか、当時のいわゆる「長者番付」（高額所得者公示制度により政府が発表。一九八三年からは納税額の公示に変更。二〇〇六年廃止）を参照しよう。

徐は一九五〇年度に所得一億二〇〇〇万円を記録し、この年の大阪府内の長者番付のトップになった。一九五〇年代の日本全体の長者番付を見てみると、松下電器（現在のパナソニック）の創業者である松下幸之助が一貫してトップの座を維持しているが、徐甲虎は一九五二年度所得三億六九六六万円で長者番付第五位、五七年度所得一億三三二万円で第八位、五九年度所得一億二九九万円で第八位、六〇年度所得一億一三二二万円で第一四位にランクインしている（次頁、表5の1）。

ちなみに、一九六〇年に一億円以上の所得を稼いだ人は日本に一五人しかいないから、徐甲虎が並外れた金持ちであったことがわかる（次々頁、表5の2）。彼は、松下幸之助（松下電器会長）、石橋正二郎（ブリヂストン社長）、井植歳男（三洋電機社長）、出光佐三（出光興産社長）などと並び立つ、五〇～六〇年代の日本を代表する高額所得者の一人であった。

同時に、徐は、稼ぎ出した資金を母国や在日社会に還元することをいとわない愛国主義者でもあった。一九五五年、大阪の韓国総領事館を心斎橋に建設する際には韓国政府に二〇〇〇万円を寄付し、在日コリアンの子どもたちの民族教育を行うために大阪に民族学校を設立、自ら学園理事長として年間二四〇〇万円も寄付していた。[*3]

＊2　猪野健治「第三国人日本の全都市を制す」『宝石』一九六六年一一月号
＊3　山本幸子「コリアン商法は世界を制す」『宝石』一九八四年一〇月号

	氏名（肩書）	年間所得額
1位	石橋正二郎（ブリヂストン社長）	3億0899万円
2位	松下幸之助（松下電器会長）	3億0549万円
3位	住友吉左衛門（無職）	1億7749万円
4位	鈴木常司（ポーラ化粧品社長）	1億6404万円
5位	井植歳男（三洋電機社長）	1億4365万円
6位	山岡康人(ヤンマーディーゼル副社長)	1億4362万円
7位	般若松平（般若旋盤社長）	1億2815万円
8位	竹中錬一（竹中工務店社長）	1億2701万円
9位	吉田忠雄（吉田工業社長）	1億2558万円
10位	出光佐三（出光興産社長）	1億2269万円
11位	石橋幹一郎（ブリヂストン副社長）	1億2245万円
12位	鹿島守之助（鹿島建設会長）	1億2133万円
13位	小川耕一（大都工業社長）	1億1725万円
14位	阪本栄一（阪本紡績社長）	1億1322万円
15位	菊池武美（医師）	1億1014万円

表5の1　1960年度の高額所得者ランキング（年間所得1億円以上）
出所：橘木俊詔・森剛志『日本のお金持ち研究』日経ビジネス人文庫、140頁

さらに、東京麻布の超高級住宅街にある広大な土地（旧伊達藩の外屋敷、後に米内光政元海相の私邸）を数億円で買い取って、駐日韓国大使館用の土地として韓国政府に寄付したことは、余りにも有名である。*4

徐が祖国への投資を決意したのは、一九六一年、軍事クーデターによって朴正煕政権が誕生し、韓国政府が本

年度	人数
1960	15
1961	14
1962	26
1963	32
1964	37
1965	27
1966	33
1967	49
1968	61
1969	664

表５の２　1960年代に年間１億円以上稼いだ人の人数
出所：前掲『日本のお金持ち研究』141頁

格的な工業化計画をスタートさせようとしていた時期だった。朴大統領自身から本国投資を懇願された徐は、当時産業銀行の管理下にあった韓国最大の泰昌紡績を買収し、一九六三年、一一五億円を投資してソウルの永登浦に新たに邦林紡績を設立した。

表向きは日韓合弁企業であるが、阪本紡績が邦林紡績の資本金の七五%を出資していた。完成した邦林紡績は、紡機一四万錘、織機四七〇〇台を備え、紡いだ糸から織布したうえ、染色まで行う一貫工場で、当時韓国内では最大級の紡績会社であった。

さらに翌年、徐は一七一億円を投資して、韓国大邱《テグ》市内の亀尾工業団地に進出。阪本紡績が一〇〇%出資する潤成《ユンソン》紡績を設立した。邦林紡績の永登浦工場は八万四〇〇〇坪、亀尾工業団地内にあった潤成紡績は八万三五〇〇坪あり、当時の韓国内の工場

＊4　間部洋一『日本経済をゆさぶる在日韓商パワー』徳間書店、一九八八年、四〇頁

規模では、韓国財閥・大農《デノン》の清州《チョンジュン》工場と並び称された大規模工場であった。徐は、この時点で、二つの紡績工場を合わせて韓国人従業員四〇〇〇名をかかえる中堅財閥のオーナーの一人に数えられるようになった。

阪本紡績の韓国進出は、在日韓国人資本による初めての本格的な本国投資であり、徐は本国でも「祖国に進出した在日コリアン」として、善かれ悪しかれ注目される存在になった。本国に設立した工場の敷地内には、寮や食堂だけでなく定時制高校までつくり、高校に行けなかった工員たちに無償教育の機会を与えたことも、韓国のマスコミで話題になった。

資料5の2　朴正熙大統領から韓国への進出を依頼された徐甲虎（1962年８月）

だが、当時の韓国には在日資本の本国進出を快く思わない風潮もあった。邦林紡績が操業すると間もなく、親会社である阪本紡績が老朽化した設備を日本から搬入し、政府を介して韓国の金融機関から大規模な融資を受けようとしているという、根も葉もない噂が広まるようになった。

韓国紡績協会の調査の結果、徐が日本から搬入した紡績設備は当時としては最先端の設備であることが判明したが、徐に対する世間の風当たりは強くなるばかりであった。[*5]

そして、アクシデントが起こる。一九七四年一月、潤成紡績の工場が火災事故に見舞われ、ほとんどの紡機が焼失し、徐の本国投資はほころびをみせるようになる。火災の原因については今なお多くの謎につつまれているが、「日本資本」の進出を嫌った韓国人の嫌がらせ的犯行ではないかという話もある。

焼失した進出工場の再建にあたって、徐は韓国政府に資金協力を要請したが、韓国の金融機関の対応は冷淡であった。

本国からの資金調達に失敗した徐は、やがて日本での事業にもいきづまり、オイルショックに見舞われた一九七四年、阪本グループは関連会社を含めて六四〇億円という繊維業界では戦後最大の負債を出して倒産する。

＊5　「阪本紡績・徐甲虎：夢と挫折」『統一日報』二〇一三年八月二八日

その後、徐は二つの紡績会社の社長業に専念したが、一九七六年一一月、企業家としての全盛期の勢いを取り戻せぬまま他界した。

大統領への直談判

徐甲虎の悲劇を目の当たりにしてきた在日コリアンの商工人たちは、在日コリアン企業が円滑に本国に進出するためには、本国の正確な情報を提供してくれる機関を韓国に作る必要があると考えるようになった。そして本国政府と協議を進め、一九七七年二月に在日コリアン企業七四社を集めて、社団法人「在日韓国人本国投資協会」を設立した。

初代会長に就任したのは、徐甲虎と姻戚関係にあった大阪興銀理事長の李熙健だった。当時韓信協の会長でもあった李は、長男の嫁に徐甲虎の三女を迎えていたが、徐の韓国での挫折は李にも大きな教訓を与えた。

本国投資協会の役割は、メンバーの在日コリアン企業が韓国への投資事業を行う際に便宜をはかったり、トラブルの調停を行うことであった。しかし、依然として韓国の金融機関は在日コリアンとの取引に冷淡で、本国に進出しようとする在日コリアン企業のオーナーが、韓国の銀行にいくら融資を申し込んでも、在日というだけで断られることが多かった。

要するに、当時の在日コリアンは、日本の金融機関だけでなく韓国の金融機関からも相手にされなかったのである。そのため、韓国でビジネスをしようとする在日コリアンの企業家たちは、必要な資金を日本からボストンバッグにつめて運んだという。

しかし、李熙健は逆にそこに新たなビジネス・チャンスがあると考えた。韓国の金融機関が貸してくれないなら、大阪興銀のノウハウを使って、韓国に新しい銀行を在日コリアンの手でつくればよいと考えるようになったのである。

李熙健は韓国の朴正熙大統領に直談判するほかないと考えた。当時、在日コリアンで韓国の大統領と面談できるのは、民団中央の団長や韓国政府とコネクションを持っていた数名の者に限られていたが、李熙健は青瓦台《せいがだい》（韓国大統領官邸）ルートを通じて、秘書室長に接近し、大統領との面談を実現させた。

李はサットリ（韓国の方言）まじりの韓国語で朴大統領にこう言ったという。

本国に投資した在日同胞たちは、金融支援と資本確保が可能な状態になることを願っております。そのためには金融会社の設立が必要です。また、在日同胞が本国経済発展のために力をつくすためにも必ず必要なものです。[*6]

こうした李会長の言葉に朴大統領も感じるものがあったのかもしれない。大統領は銀行の設立は難しいが、短資金融会社なら在日コリアンでも設立してよいという特別な許可を与えたのである。韓国政府は、韓国内の銀行との競合を避けるため、すでに存在する一〇の短資金融会社以外には新たな金融機関の設立を認めない方針だったが、在日コリアンのさらなる本国投資を期待し、この短資金融会社の設立を認めたと思われる。

こうして一九七七年七月、受権資本金六〇億ウォン、払込資本金三〇億ウォンで「第一投資金融株式会社」が設立され、本国投資企業の資金面での窓口が完成した。代表理事に李熙健が就任したことで、経営管理は大阪興銀の経営方式が踏襲されることになった。李会長の戦略は的中した。「第一投資金融」発足時の株主は李会長をはじめ一二五名だったが、一年後の七八年六月には株主が四倍の四七五名に増加。「第一投資金融」は、払込資本金を五〇億ウォンに増資し、瞬く間に韓国内最大規模の短資金融会社に成長した。

韓国に在日僑民銀行ができた

だが、李熙健の韓国における金融機関設立の野望は、「第一投資金融」の成功にとどまらなかった。一九七九年、李熙健会長をはじめとする「在日韓国人本国投資協会」は、韓国の都市銀行の買収案を提示した。これに対して、韓国政府は銀行ではなく富民信用金庫を引き受けるように逆提案したが、李会長は妥協しなかった。李は、都市銀行の買収は断念したものの、それなら韓国内で在日コリアンによる新銀行を設立するしかないという思いを、一層強めていくことになった。

李が韓国での銀行設立に執念を燃やしたのはなぜだろうか。彼は、大阪に在住する在日コリアンの相互扶助と在日零細企業の資金調達問題を解決するために大阪興銀を設立し、同信組を日本一の信組に育てあげた。だが、そうした目的が達成されると、

＊6　梁京姫「在日韓国人企業家が韓国の金融業界に及ぼした影響——新韓銀行を中心に」『現代韓国朝鮮研究』第九号、二〇〇九年、一九頁

今度は在日という限られた市場ではなく、母国・韓国というより大きな舞台で、自分の夢を実現したいと考えるようになっていった。それは、大阪や関西という地域に限られた領域で活動する信用組合ではなく、よりグローバルな資金移動を可能にする金融機関、すなわち銀行を在日コリアンの手で設立することであった。

しかし、一九八〇年、「僑民銀行設立に関する請願書」を提出した民団に対し、韓国政府の回答は不許可であった。この時点で、在日コリアンによる本国での新銀行設立の野望は潰《つい》えたかに見えた。

ところが、朴正煕大統領の部下であった全斗煥《チョン・ドゥファン》が新たな大統領になると、突然、風向きが変わった。同年一二月に新政権下で「一般銀行経営の自立化」が発表され、韓国内の銀行を民営化していくことが発表されたのである。[*7]

それまで韓国の都市銀行は実質的に政府の管理下に置かれた「半官半民」色の強い金融機関であったが、今後は段階的に都市銀行の完全「民営化」を実施するというのである。

こうした政策変更の背景には、国際社会の圧力があった。韓国が先進国になるためには、これまでの保護主義的な経済運営を改め、資本取引を自由化して国内市場を対外開放していくことを、世界銀行やＩＭＦから要請されていた。

政府の発表を「在日コリアンによる銀行設立の最後のチャンス」とみなした李熙健は、本国に投資していた在日コリアンの商工人を巻き込んで「(本国)銀行設立準備委員会」を設立し、八一年四月、財務部に「僑民銀行設立請願書」を提出した(次頁、資料５の３)。

一九八一年五月、財務部との交渉に手応えをつかんだ李熙健は、大阪興銀の第二六期通常総代会において韓信協会長の立場から次のような挨拶をして、会場を驚かせ

＊７　一九八〇年、軍事クーデターで誕生した全斗煥政権は、経済の自由化・国内経済の開放化を進めるため、これまでの政府主導型の経済運営を見直し、民間主導型の経済運営に転換していくことを宣言した。これにともなって、八一年に政府が着手したのが市中銀行の民営化である。在日コリアン資本によって設立された新韓銀行(後述)は、韓国における銀行民営化の第一歩となった。ただ、在日韓国人資本によって設立された新韓銀行は、純粋な民族資本によって設立された民族金融機関でもなく、また在日韓国人資本という完全な外国の金融機関でもなかったという点で、国内経済の自由化によって生まれた、特殊な性格を有した金融機関であったと言える。

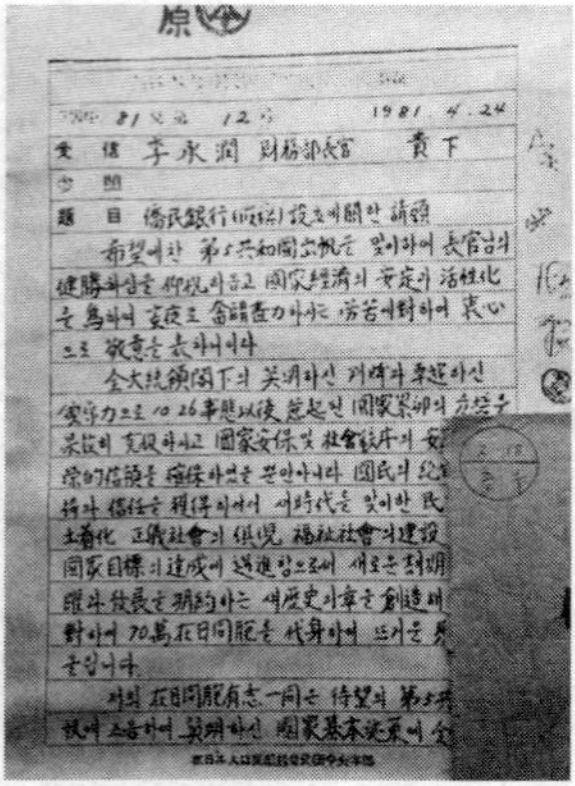

資料５の３　韓国の財務部長官に提出された「僑民銀行設立請願書」（1981年４月）
出所：『民団は大韓民国と一つです』民団中央本部、2014年、72頁

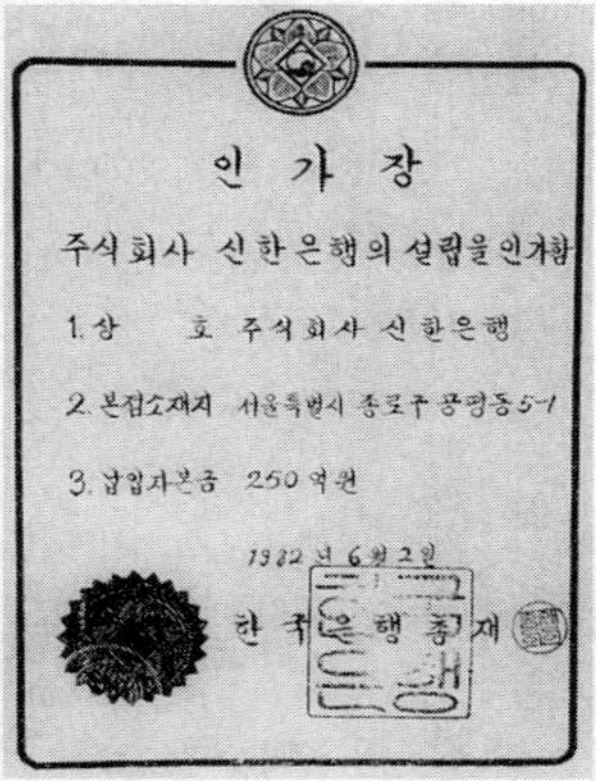
인 가 장

주식회사 신한은행의 설립을 인가함

1. 상　　호 주식회사 신한은행

2. 본점소재지 서울특별시 종로구 공평동 5-1

3. 납입자본금 250억원

1982년 6월 2일

한국은행총재

資料５の４　韓国政府から発行された「僑民銀行」の認可状
出所：同前

た。

「在日同胞の力で本国（韓国）に都市銀行をつくり同胞や日本人の進出をバックアップすることが夢ではなく近いうちに可能になる」[*8]

李熙健が公式の場で「僑民銀行」設立の発表を行ったのはこの時が初めてであるが、関係者をもっと驚かせたのは、その発表の翌年に韓国政府が「僑民銀行の設立」を認可したことである（資料５の４）。

これを受け、一九八一年

七月に李熙健をはじめとする在日コリアンの商工人たちは、僑民銀行設立のための発起人大会を開催した。銀行設立委員会は在日コリアン商工人三四名で構成されたが、僑民銀行の設立にあたって実質的な交渉を担ったのは李熙健だった。銀行設立委員会の中で、李熙健以上に本国政府とやりあえる人物が他にいなかったためである。

李は本国政府の要人と水面下の交渉を進めるとともに、大阪興銀の職員を大和銀行に派遣して、日本の銀行の実務を学ばせていた。韓国より進んだ日本の先進的なバンク・システムを韓国の僑民銀行に導入すれば、本国でも勝機があると考えていた。

韓国では一九六〇～七〇年に定着した政府主導体制の弊害が強く、長い間政府が産業金融の対象を決定してきた。そのため、韓国の銀行は審査能力やノウハウの蓄積の点で日本など先進国の水準とは大きな差があった。銀行の経営自体が決算から配当率、貸し倒れ準備、償却規模など金融監督院に厳しく指導されており、銀行独自の判断による柔軟な貸出は困難と言われてきたのである。[*9] こうした規制が緩和されていく

＊8　前掲『大阪興銀三十年史』二七六頁
＊9　深川由起子『韓国――ある産業発展の軌跡』日本貿易振興会、一九八九年、二一一頁

と、金融自由化時代には先進的なバンク・システムを持ち込んだ銀行が生き残ると、李熙健は確信していた。

一九八一年一〇月に韓国政府の内認可を得て、一九八二年七月七日、ついに在日コリアンの念願だった在日僑民銀行がソウルの明洞《ミョンドン》に誕生した。銀行名は「セハン」と「新韓」が有力な候補にあがったが、結局「韓国に新たな風を吹き込む」という意味で「新韓銀行」と名づけられた。資本金二五〇億ウォン、店舗数三、行員二七九名という韓国一の小さな銀行のスタートであった。

資料5の5　ソウルにオープンした新韓銀行
出所：同前

その日、新韓銀行の会長に就任した李熙健は、日本から集まった大勢の株主の前でこう挨拶した。

新韓銀行は多くの同胞企業人が成し遂げた血と汗の結晶であり、愛国・衷情の昇華である。同時に祖国の開発のための、私たち同胞の参加意思の結晶です。これから新韓銀行を、祖国韓国の経済繁栄と成長につなげていきます。[*10]

同日、新韓銀行は「韓国金融史上初の純粋民営銀行」として話題を呼び、来店した客は一万七五二〇人に達した。それは、韓国での銀行開店日来客数の新記録であった。この日開設された口座への入金額は普通預金で一七八億ウォン、創立記念定期預金が九六億ウォンなど、計三五七億ウォンに達した。開店日一日で資本金二五〇億ウォンを超える上々のスタートであった。

日本式金融システムの導入

新韓銀行の草創期に、新韓銀行行員の研修の場になったのは大阪興銀である。李熙健会長は新韓銀行のスタッフを数ヵ月に亘って日本に招き、奈良市内にあった大阪興

＊10　『統一日報』二〇一二年七月一九日

銀の研修院で厳しい訓練を行った。融資、渉外、預金、顧客サービスなどの分野に分かれて、担当職員が日本的経営をマンツーマンで指導した。
研修時に韓国からきた行員がもっとも驚いたのは接客マナーであった。大阪興銀の担当者が、お客にそんなことまでできないという韓国の行員に、「いらっしゃいませ」、「またお越しください」といった基本的な挨拶の仕方を、お辞儀の角度までマニュアル化して教えこんだ。

韓国に戻って、行員が日本的接客を実践したところ、効果はてきめんだった。なぜなら韓国の銀行員のお客への対応は、新韓方式が導入されるまで、実に横柄なものだった。韓国政府の庇護の下で独占的な地位を維持してきた韓国の銀行は、官僚組織としての色彩が強く、銀行員は伝統的に「お客にお金を貸してあげる」という発想が支配的で、「お金を借りていただく」という発想はなかった。

ところが、「顧客が本当に取引したいと思うような銀行をつくろう」[*11]というスローガンをたたきこまれた新韓銀行の行員の対応は、これまでの韓国の銀行とは違っていた。新韓銀行の行員たちが、来店したお客に対し「いらっしゃいませ」と頭を下げて挨拶し、「お金を借りていただく」という対応に切り換えたため、新韓銀行の人気はいっきに高まった。李熙健が大阪興銀で徹底した「顧客満足第一主義」は海を越えて韓国でも普及していったのである。

また、李熙健は「訪れる客を待つのではなく、顧客を求めて訪ね回る」攻撃的な営業を行員に浸透させた。さらにこれまで大手銀行が貸出のターゲットにしていた大企業優先の営業をやめ、中小企業や個人業者との取引を奨励した。なかでも新韓銀行が新たな顧客を開拓するために街頭で展開した小銭の両替という戦略は他の銀行の度肝を抜いた。毎朝、新韓銀行の行員が「小銭はいかがですか」と市場に繰り出し、露天商のみならず通行人にまで呼びかけたのである。「座って待っていても、顧客は来ない」ということで始まったものであるが、こうしたサービスが評価され、小銭の両替を行う地域もどんどん拡大していった。[*12]

さらに新韓銀行では、振込みや公共料金の納付などの単純な業務はハイカウンター、貸出や為替などの複雑な業務はローコーナーで対応するという顧客対応の分散化

＊11　丁東日『韓国の銀行を変えた新韓銀行方式』キムヨンサ、二〇〇五年、三三頁
＊12　同書、三九〜四〇頁

を行った。こうした顧客対応は現在では当たり前のシステムになっているが、韓国の銀行では初めて導入されたシステムだった。ローコーナーとハイカウンターに業務を分離した結果、他行より顧客の便宜と利益を高めることができた。

新しい支店を開設するときは、車両PRも行った。車を持つ行員たちは各自の車に新韓銀行〇〇支店〇月〇日オープンというステッカーを貼り、アパートや団地の中を走りまわった。そして夏の暑い日に住民集会が開催されると、集会場からの帰り途の要所に支店開設のプラカードを貼りつけ、帰宅する住民に銀行のパンフレットとクーラーボックスで冷やしたヤクルトを配った。*13

こうした他行にはない地道なサービスを提供することによって、新韓銀行は次々と支店を拡張し、わずか六ヵ月の間に一三の支店を開設することができた。短期間に新韓銀行が韓国の国民の支持を広げていった背景には、顧客重視の経営スタイルに加え、取引相手を大企業だけではなく、中小企業に拡大していったことがあげられる。開業から二年経過した一九八四年度の貸出額の五二%が中小企業で占められていたが、こうした数字は新韓銀行がこれまで韓国で冷遇されてきた中小企業と密接な取引を行うことによって販路を拡大していたことを示している。

また一九八三年には大阪興銀本店内に新韓銀行の大阪事務所を開設し、在日コリアンの商工人に本国投資のための情報を提供するなど、新韓銀行は八〇年代後半から顕在化する日本経済のバブルで潤っていた在日マネーを、本国に誘導する役割も担うようになった。八六年には大阪支店、八八年には東京支店もオープンし、本国への進出を希望する在日コリアンは日本国内でも新韓銀行の融資を受けられるようになった。

韓国はこの時期（一九八三〜八八年）、世界経済の回復とともに高成長の軌道に乗り、大きく躍進した。八三年から始まったソウルオリンピック特需で、内需が先行して輸出の景気回復が遂《と》げられるなど、韓国ではこれまでになかった景気循環が生まれ、本格的な「内需主導型成長」が実現した。特に八六年から八八年まで三年間続いた「三低（ウォン安、原油安、金利安）景気」によって、韓国の実質的なGNP成長率は八六年一二・三%、八七年一二・〇%、八八年一二・二%と二桁成長を記録した。この結果、韓国の一人当たりGNPも、八六年に二五〇〇ドル、八七年に三〇〇〇ドル、八八年には四〇〇〇ドルに到達した。

＊13　同書、三四〜四四頁

新韓銀行はこうした韓国経済の好景気を追い風に、一九八〇年代から九〇年代初頭にかけて資本金、受信、貸付ともに順調な成長を遂げた。設立当初の資本金はわずか二五〇億ウォンに過ぎなかったが、八〇年代を通じて在日コリアンに対する有償増資を三〇〇〇億ウォンまで拡大し、八九年には念願の上場を果たして、本国の株主に一三〇〇億ウォンの有償増資を行った。総受信額も設立当初は一〇〇〇億ウォンに過ぎなかったが、八六年に一兆ウォンを突破、八八年に二兆ウォン、九二年には六兆ウォンを突破した。

一方、貸付総額も設立当初の四〇〇億ウォンから九二年には四兆ウォンを突破し、わずか一〇年で一〇〇倍近い伸長を見せた。当期純利益も九一年に一〇〇〇億ウォンを突破し（一一五六億ウォン）、九二年には一二五二億ウォンを計上、九一〜九二年度は純利益部門において韓国内銀行第一位に輝いた。

こうして李熙健は、新韓銀行という新しい受け皿を通じて、在日株主からの追加資金を調達すると同時に、在日コリアンの本国投資意欲を貸付業務に結び付けることで、母国での金融ビジネスを拡大していった。

この時期、李熙健はバブル景気に沸いた日本のみならず本国でも事業を成功させ、企業家として絶頂期にあったと言えるだろう。このころから、李熙健は少しずつ「韓国に設立した新韓銀行と日本で銀行に昇格した大阪興銀を合併し、世界的な銀行をつくる」[*14]という野望をいだくようになっていった。しかし、こうした夢を実現させるためには、まず日本の大阪興銀を普通銀行に転換させねばならなかった。

＊14　『統一日報』一九九二年七月一一日

第六章　金融再編と李王朝の崩壊

バブル経済に踊らされた人々

一九八八年、ソウルでオリンピックが開催された後、韓国だけでなく、日本にも空前の好景気が訪れた。いわゆるバブル経済の到来である。日経平均株価は八六年の一万八〇〇〇円から八九年末には史上最高の三万九〇〇〇円まで上昇し、東京、名古屋、大阪などの都市圏の地価もこの期間に三、四倍に跳ね上がった。

筆者もこのバブル景気の恩恵を受けた一人である。当時、二〇代の筆者は大学院に通いながら、生活費を捻出するため、阪神・尼崎駅近くのテナントビルの三階で月一〇万円ほどの家賃を払い、小さな学習塾を営んでいた。ところが、一九八八年三月、その老朽化したビルを取り壊し、隣の土地とあわせてもっと大きなビルを建設すると言われ、仲介人の不動産業者から立ち退きを迫られたのである。

ようやく塾経営が軌道に乗り出したばかりだったので、何度か断ったが、ビル一階の喫茶店の店主に続き、二階のサラ金業者も立ち退きに応じ、ついに三階の筆者の塾だけがビル内に残ることになった。

そうすると、不動産業者は次の手に出た。ある日、その筋とわかる人物が現れて、ビルから立ち退いてくれるなら、立ち退き料としてそれなりの金額を支払うという。これ以上ねばっても勝ち目はないと考え、立ち退きに応じたが、彼らから立ち退き料として渡された紙袋の中身を見て驚いた。一〇〇〇万円の束がいくつか入っていた。筆者にとってはバブル経済を肌で感じた瞬間であった。

それから、その金を大阪興銀の定期預金に預け、塾をたたんで東京の大学に就職した。大学の給料は薄給だったが、バブル期当時の大阪興銀の定期預金の金利は、今では信じられないことに、年利六％から七％。立ち退き料を年利六％で預けると、利息は年二〇〇万円を超えた。

大阪興銀はこうした高金利を餌《えさ》に組合員からの預金を拡大し、一九九〇年には総預金量が在日信組で初めて一兆円に達した。そして在日コリアンの事業者を中心に不動産やノンバンク部門への融資を拡大していった。

実際、バブル期に大阪興銀から融資を受け、不動産バブルでぼろ儲けをした在日コリアンの業者も少なくない。大阪興銀からの融資で近畿圏の駅前中古ビルを購入し、再開発で数ヵ月後に購入額の二倍で売り抜けた者、大阪興銀から資金を調達し、駅前の土地やマンションを買いあさり、バブル景気で瞬く間に資産を倍増させた者もいた。しかし、こうしたバブル景気は長くは続かなかった。

大阪興銀の路線転換

一九九二年を境にバブルが崩壊し、日本経済が深刻な景気後退期に入ると、金融機関は、大手銀行から中小の金融機関にいたるまで、生き残るために合併・統合を繰り返すようになった。当然、経営基盤の脆弱《ぜいじゃく》な信用組合も、金融再編の波に巻き込まれるようになった。

大阪興銀も例外ではない。同信組は、それまで大阪の在日韓国人の中小企業経営者に支えられた地域密着型の信組として発展してきたが、バブル崩壊期に入るとこれまでの方針を変更し、大阪周辺の在日韓国系信組を吸収・合併する規模拡大路線をとるようになった。

一九九三年七月に、神戸商銀（神戸市）、滋賀商銀（大津市）、和歌山商銀（和歌山

市）、奈良商銀（橿原市）など京阪神の主要な在日韓国系信組を吸収・合併すると、大阪興銀は名称を関西興銀に改め、店舗を関西全域に拡大していった。そして九五年三月には経営危機に陥っていた同じ在日韓国系の信用組合である岐阜商銀を救済合併し、日本国内最大規模の民族系金融機関にのし上がった。

大阪興銀が規模拡大路線を歩むようになったのはなぜか。大阪興銀が金融危機を乗り切るために自ら仕掛けたものなのか。それとも、金融再編の実験場となった関西で、金融当局から誘導されたものなのだろうか。

実際、関西の金融業界は、銀行初の業務停止命令、不振銀行同士を合併させる特定合併制度の適用など、破綻処理や官主導の金融再編の実験場となってきた。また破綻処理と同時進行で、住友銀行（現・三井住友銀行）→関西銀行、三和銀行（現・三菱東京UFJ銀行）→泉州銀行、大和銀行（現・りそな銀行）→近畿大阪銀行といったように、都市銀行が、経営基盤の脆弱な地方銀行・第二地銀を傘下に置く垂直統合が加速した。それぞれの金融機関は自主的な選択であったと力説するが、こうした金融再編が金融当局のシナリオで行われたという見方もある。[*1]

多くの金融機関がそうであったように、大阪興銀もまた金融当局との駆け引きの中で、他の在日信組との合併・統合を余儀なくされたことは間違いないが、大阪興銀の側にも規模を拡大させなければならない、お家の事情もあった。

前章で述べたように、李熙健は韓国で育てた新韓銀行と日本の大阪興銀を自分が生きているうちに合併させて、日韓にまたがる国際金融機関をつくりたいという野望を持っていた。そのためには、大阪興銀を信用組合から普通銀行に転換させることがどうしても必要であったが、普銀転換を行うにあたって金融当局から示された条件はさらなる規模拡大であった。

李熙健の後を継いで大阪興銀の理事長に就任した長男の李勝載《スンジェ》は、一九九三年二月に「五信組合併一年後をメドに『普銀転換』を申請する方針」[*2]とメディアに発表し、他信組の合併が普銀転換への足掛かりであったと述べている。

そして興味深いことは、こうした李勝載の「普銀転換」構想に、当時の大蔵省近畿財務局長であった長野厖士が「合併後の効果をみたうえで、希望があれば経営者の意

＊1　前田裕之『激震　関西金融』日本経済新聞社、二〇〇一年、三頁
＊2　『朝日新聞』一九九三年二月六日（関西版）

思を尊重したい」[*3]と、お墨付きを与えていることである。

実は、大阪興銀の李勝載と近畿財務局の長野はともに東京大学経済学部の出身で、東大閥の先輩・後輩関係にあった。近畿財務局のトップに就任した長野は、大阪で李勝載の歓待を受け、大阪興銀の普銀転換への協力を要請される。近畿財務局長と信用組合・大阪興銀の理事長という立場で再会した彼らは意気投合し、連日、大阪ミナミの高級料亭「大和屋」を舞台に、大阪興銀の普銀転換へのシナリオを練るようになった。大阪興銀の元幹部だったP氏は、当時を振り返って、次のように証言している。[*4]

李勝載理事長の長野さんへの接待の狙いは、関西の韓国系の信用組合の広域統合をステップにして、最終的に大阪興銀を信用組合から普通銀行にすることにあったと思います。実は、信用組合の監督官庁は都道府県で、大阪興銀の場合、単体では大阪府ですが、大阪府には普銀転換を相談しても全く相手にされなかったんですよ。しかし、他府県の信用組合と広域統合すれば、監督官庁は大阪府から近畿財務局に移ることになります。そうなれば普銀転換についても財務局と直接交渉すればよくなるわけで。それが、広域統合を進めた最大の理由でした。

「大和屋」の夜

こうした証言から、大阪興銀の李勝載理事長が、広域統合から普銀転換を狙って長野近畿財務局長に接近したことは明らかである。一方、長野の狙いは何だったのか。近畿財務局のトップに就任した長野としては、細分化して実態のわかりにくい在日韓国系の信用組合を広域統合して大蔵省の監督下に置き、申告されないまま本国（韓国）に流れる裏金など、アングラ金脈にメスを入れておく必要があると考えたのかもしれない。[*5]

たしかに、金融当局にとって韓国政府と繋がりを持つ在日韓国系信用組合は長い間ブラックホールであり、手出しできない、いわばアンタッチャブルな存在であった。長野が、これを機会に関西の在日韓国系信用組合を統合し、彼らを大蔵省の監督下に

＊3　同前
＊4　元大阪興銀幹部P氏からのヒアリング
＊5　「『第二の木津信』と噂される関西興銀」『選択』一九九六年三月号、九一頁

置きたいと考えるのも不自然ではないだろう。

李勝載は、ミナミの高級料亭「大和屋」で連日連夜、長野を接待するキーセン外交[*6]を繰り広げた。長野も李勝載から「大和屋」で紹介された裕子という芸者に入れ込んだ。大阪ミナミの風物詩「今宮戎」、裕子は、いちばんの花形芸者である証の宝恵駕《ほえか》籠《ご》に乗って登場したこともある華のある芸者だった。彫りの深い美人顔で、スタイル抜群の裕子に惚《ほ》れ込んだ長野は、近畿財務局長在任中に大阪興銀の接待で週一〜二回のペースで大和屋に通いつめた。[*7]

大和屋は座るだけで一人一〇万円、芸者の花代を合わせると一人二〇万円はかかる大阪を代表する高級料亭である。一ヵ月七〜八回なら月額数百万円、一年間なら数千万円の接待費を大阪興銀は長野につぎ込んだことになる。その成果があったのか、近畿財務局は、長野が財務局長を退任する前日の一九九三年六月二四日、大阪興銀をはじめとする関西の五つの在日韓国系信組の合併を認可することになった。

普銀転換への落とし穴

長野が描いたシナリオ通り、大阪興銀は、神戸商銀や和歌山商銀など多くの在日韓国系信組を合併し、名称も関西興銀と替えて、普銀転換への第一歩を踏み出した。しかし、皮肉なことに、関西興銀は経営不振に陥った他の在日信組を吸収・合併し続けたことで、逆に莫大な不良債権もかかえることになった。

特に問題だったのは、山口組系暴力団組長が理事を務めていた岐阜商銀の救済合併だった。暴力団に骨の髄までしゃぶり尽くされ、他に引き受け手のなかった岐阜商銀の救済を長野から持ちかけられた李熙健・勝載親子は、同信組との合併に踏み切った。一九九五年三月のことである。

しかし、岐阜商銀は、合併前の一九九四年三月時点の貸出金一〇九億円のうち、暴力団関係者への七〇億円の貸出を含む九五億円が不良債権化していた。[*8] 預金保険機構

＊6　キーセン（妓生）は元々朝鮮の伝統的な歌舞技能を有する芸妓を意味する言葉である。その後、一九七〇年代から、主に日本人の男性観光客を誘致するために始まった韓国のキーセンハウス（韓国料亭）で行われた管理売春制度を揶揄する「キーセン観光」という言葉が使われるようになった。

＊7　『週刊ポスト』一九九八年二月二〇日号

＊8　『選択』一九九六年三月号、九〇頁

から二五億円の贈与を受け、岐阜県や地元金融機関からも三五億円の支援を受けるものの、暴力団が絡んでいたため、他の金融機関がどこも手を出さなかった曰《いわ》く付きの信組である。

関西興銀がこうした問題のある信組を合併したのは、大蔵省に貸しをつくるだけではなく、彼らなりの勝算があったからだと言う人もいる。関西興銀の元幹部であったC氏は次のように証言する。[*9]

関西興銀では、暴力団への貸出を不良債権にはさせません。特に岐阜商銀から金をひっぱった暴力団組長も元々在日コリアンですから、まずとりはぐれることはない。われわれのような金融機関は、裏社会と通じていないと商売にならんのです。

関西興銀は、岐阜商銀の救済合併をきっかけに、日本のヤクザのみならず韓国系暴力団の資金源などアングラ・マネーの絡んだ裏ビジネスとの癒着関係を深めていったという関係者の証言もある。[*10]

大阪商銀の破綻

バブル崩壊後の金融危機の影響を受け、関西興銀のみならず在日韓国系の多くの信用組合は経営難に陥り、再編を余儀なくされた。一九九八年以降、日本全国に三四あった韓国系信組のうち、福岡、大阪、山口、島根、北海など一二の信組がその後二年間で経営破綻に追い込まれるというありさまであった。

こうした状況下、在日社会でも、経営基盤の弱い韓国系の信組が団結し、規模の拡大を図っていくしか、金融危機を乗り切る術《すべ》はないという声が高まり、在日信組の統合が模索されるようになった。しかし、数ある在日信組の中で、どの信組が、統合の主導権を握るかということになると、在日社会はまとまるどころか、混乱をきわめた。

一九九八年六月に韓国系の信用組合・大阪商銀が破綻すると、同信組の取引先を中心に「商銀を支援する会」が発足、商銀信組の全国統合も視野に入れ、同信組の受け

＊9　元関西興銀幹部C氏からのヒアリング
＊10　松木義和「ついに破綻した関西興銀」『財界別冊』二〇〇一年五月号、六六頁

皿となる新たな銀行をつくろうという構想が浮上した。「商銀を支援する会」はやがて「新銀行設立準備委員会」に発展した。

一九九九年末には東京商銀の金聖中《キム・ソンジュン》理事長を中心に発起人大会が開かれ、新銀行の名称は「韓日銀行」と名づけられ、在日コリアンに出資を呼びかける運動が始まった。「新銀行の設立を支援する会」の結成大会には、関西の在日企業家の有力者の一人であるエムケイタクシーの青木定雄（韓国名・兪奉植《ユ・ボンシク》）会長も名乗りをあげ、支援を表明した。

バブルが崩壊してから不良債権が増加したことで九二〇億円もの債務超過になった大阪商銀は、最初は李親子の関西興銀への事業譲渡を検討していた。関西興銀の李熙健が会長を務めてきた在日韓国人信用組合協会（韓信協）も、一九九九年一〇月、九七年に協会決議した「同一地域内での再編」の原則に基づき、大阪商銀の受け皿は関西興銀を含めた関西地域の信組が望ましいという要望書を大阪商銀の金融管財人に提出していた。[*11]

しかし、大阪商銀は「同一地域内統合が合意できない場合は、地域を越えた再編も視野に入れる」という協会決議（一九九九年七月）を盾にこれを拒否した。その後、今度は京都商銀が大阪商銀の受け皿になることで話はまとまりかけたが、それも暗礁に乗り上げたことで、行き場を失った大阪商銀の受け皿となる新銀行設立の話が浮上したのである。

韓信協による新銀行構想

だが、東京商銀主導で進められた新銀行設立運動案に、日本最大の信用組合・関西興銀のトップであるとともに韓国系の二六信組でつくる韓信協の会長でもある李熙健は不快感を示した。すでに韓信協では一九九七年に、傘下の三四（当時）の在日信組を関東、近畿など六つのブロックに分け、統合していくという方針を発表していた。

こうした韓信協の決定を無視し、このまま「韓日銀行」が設立されれば、東京商銀に在日信組統合の主導権を握られるかもしれない。新銀行構想の背後にある東京商銀の目論《もくろ》みを感じとった李熙健は、二〇〇〇年四月、韓信協の役員を大阪市内のホテルに招集し、マスコミを集めて、傘下の二九の韓国系信組を一つの銀行に統合する、言

＊11　『週刊東洋経済』二〇〇〇年一月一五日、二五頁

わばもう一つの新銀行（普通銀行）構想を発表した。

この瞬間、信組の統合・新銀行の設立をめぐって在日社会は一本化せず、二つの勢力に分裂、両陣営の亀裂は決定的になった。

東京商銀を後ろ盾とした「韓日銀行」グループは、二〇〇〇年五月に東京で新銀行設立発起人大会を開催。約七六〇人の在日経営者が集まり、「日本全国で営業する普通銀行」の設立を目指し、一〇〇億円の出資金獲得運動を展開していくことが宣言された。

この日、「新銀行設立準備委員会」の首席代表に選ばれた孫性祖《ソン・チョンジョ》（東京韓国学校理事長）は、「出資金さえ集まれば銀行の認可は得られる」と挨拶し、集まった聴衆から大きな拍手を受けた。

一方、関西興銀の李会長を中心とする韓信協は、同年七月に総会を開き、傘下の信組を統合した新銀行の設立を正式に決議し、二〇〇一年四月に開業するという目標を掲げた。金融庁や近畿財務局は、両陣営に構想を一本化することを求めたが、在日信組の統合をめぐる関西興銀と東京商銀の対立関係は深まるばかりであった。

二〇〇〇年一〇月、東京商銀理事長の金聖中は、韓日銀行設立準備委員会と共同記

者会見を行い、「韓日銀行こそが在日韓国人社会の総意」と述べ、翌二〇〇一年までに東京商銀と新銀行を合併させる構想を発表した。[*12] これに対し、韓信協は同年一一月、関西興銀を筆頭に傘下の二九の加盟信組同士が合併した上で、普通銀行に転換することを発表。新銀行の名称は「韓信銀行」とするとした。こうして在日信組の統合と新銀行設立をめぐる東京商銀と関西興銀の対立は決定的となった。

二大信組の落日

しかし、東京商銀主導による「韓日銀行」も、関西興銀と韓信協による「韓信銀行」も結局、実現することはなかった。二〇〇〇年一二月、破綻した大阪商銀の受け皿になるはずだった両信組が、「破綻」に追い込まれてしまったからである。

それにしても、新銀行設立に動いてきた両信組が、なぜ「破綻」してしまったのか。両信組とも、バブル崩壊後は経営難がささやかれていたが、破綻処理を受けるまで財務状況を悪化させた原因はなんだったのだろうか。

＊12　『選択』二〇〇〇年一一月号、九九頁

確かに両信組とも「破綻」前から、金融庁の検査結果で「債務超過」の認定を受けていた。一九九九年三月末の検査で、金融庁はすでに両信組の債務超過を確認しているが、「下手に処理をすれば、日韓関係や在日経済に悪影響を及ぼしかねない」として、破綻処理を先送りしてきたという話もある。

関西興銀の場合、金融庁・近畿財務局が立ち入り検査を実施したのが一九九九年一一月。通常の検査なら数ヵ月で終わるのに、関西興銀については検査結果を伝えた二〇〇〇年九月まで実に一〇ヵ月もかかっている。当時、関西興銀に関する検査結果の内容は極秘扱いにされたが、九九年三月時点で六九〇億円近い債務超過が確認された。[*13]

関西興銀の命取りになったのは、バブル期にリスクの高い不動産やノンバンク関連融資を拡大し続けたことである。とりわけ日本債券信用銀行（現・あおぞら銀行）と組んでバブル期に計画されたものの、たなざらし状態になっていた大阪近郊の大規模マンションの開発など、関西興銀の子会社であったノンバンク・大興リースを迂回《うかい》した不実企業への融資が焦《こ》げつき、関西興銀は当時数百億円にのぼる不良債権を抱えていた。[*14]

そして二〇〇〇年の年の瀬が迫った一二月二四日、大蔵省近畿財務局の増井喜一郎局長は関西興銀の李正林《ジョンリム》理事長を財務局に呼び、金融再生委員会は「不良債権への引当金が不足している」と通達した。一年に及ぶやり取りの結果、金融再生委員会が最終的に下した決断は関西興銀の破綻処理だった。

破綻処理に徹底抗戦

実は金融庁・近畿財務局による関西興銀への立ち入り検査は二〇〇〇年三月に完了していた。その後、六ヵ月に及ぶ意見交換を経て、金融庁は同年九月に「大幅な債務超過」を通達し、関西興銀に白旗を掲げるよう迫ったが、関西興銀の経営陣は納得しなかった。

普通、金融再生法に基づいて著しい債務超過の認定を受けた金融機関は、自ら破綻処理を申し出るのが、これまでの慣例である。短期間に資本を増強して、債務超過を

＊13　前掲『激震　関西金融』一四頁
＊14　『選択』二〇〇〇年一二月号、九八頁

解消することは簡単ではないし、いったん経営不安説が市場に流れると、資金繰りに窮《きゅう》するケースも多いためである。

だが、関西興銀経営陣は金融再生委員会の決定に激しく反発、破綻処理が決まった場合は行政訴訟に踏み切ることもあるとし、徹底抗戦の構えを見せた。関西興銀の李正林理事長は金融庁から最終通告を受けた翌日（同年一二月一五日）、記者会見で集まった報道陣を前に次のような啖呵をきった。[*15]

当組合は関西に住む在日韓国人三一万人にとって、なくてはならない存在になっている。四五年に亘り、民族金融機関として尽力してきた。経営の安定性についてはいささかの問題もない。債務超過としたのは行政当局の誤認だ。

李正林理事長の会見の翌日、金融庁は近畿財務局が一九九九年三月に検査した関西興銀の資産内容の結果を発表した。当局側の査定と関西興銀の自己査定を比較すると、資産内容の評価について、両者には大きな認識のずれが存在することがわかる。当局の資産査定では、正常な債権を第1、回収に注意が必要な債権を第2、回収に重大な懸念がある債権を第3、回収不能か無価値と判断される債権を第4に分類する。

このときの両者の査定では、関西興銀が七五七二億円と見積もっていた第1分類の正常な債権額を当局側は六一二九億円しかないと判定した。その一方で、回収に重大な懸念のある第3分類の債権を、関西興銀が一〇三二億円と見積もったのに対し、当局は一七五〇億円と判定した。なかでも第4分類に該当する回収不能な債権をゼロと見積もっていた関西興銀に対し、当局側は回収不能債権を三四八億円と認定していた（表6の1）。

この点について、関西興銀側は、一九九九年三月に破綻認定された債権三四八億円の債務者について、追加融資を実施しマンションなどの収益物件を購入させ、家賃収入で債務返済をさせることで、回収不能ではなくなったと反論した。また債務超過額についても、関西興銀側は九九年三月以降、増資や取引先の業績回復によって一年間で一八〇億円も減らした実績をアピールした。

＊15　記者会見（二〇〇〇年一二月一五日）場における筆者のメモ

だが、増井近畿財務局長は「すでに大幅な債務超過にあり、自主再建が困難な金融機関に早期是正措置はそぐわない」と勧告した。それに対し関西興銀の経営陣や同信組を支えてきた在日コリアンの民族団体の反発は強まる一方であった。

そうして金融当局と関西興銀のみぞが埋まらないまま、関西のマスコミは金融当局が関西興銀を破綻処理する方針を決定したと報じた。しかし、関西興銀の李理事長は「金融当局との間で資産査定に見解の相違がある。当組合の健全性にはいささかの問題もない」と徹底抗戦する姿勢を示した。さらに、もし当局が金融再生法に基づいて破綻処理を推し進めるなら行政訴訟に踏み切ると表明した。このとき、関西興銀は公開質問状（資料6の1）を提出し、破綻懸念先債権への貸倒引当金の算定期間と同債権の毀損見込み額について金融当局の見方に疑問を投げかけた。

関西興銀による公開質問状には、金融庁による検査が抱える本質的な問題も含まれていた。金融庁が指摘するように、自己資本は金融機関のリスクを安定させるために不可欠の財務基盤である。だが、金融機関においてはそれぞれが置かれた規模や地域事情などの固有の特性があり、とりわけ在日コリアンという社会的弱者を対象として存立してきた関西興銀に、大手都市銀行と同じ水準の償却、引当を押し付けるのはい

	第1分類［正常債権］	第2分類［回収注意］	第3分類［回収懸念］	第4分類［回収不能］	総資産
近畿財務局の査定	6,129	4,201	1,750	348	12,429
関西興銀の自己査定	7,572	3,825	1,032	0	12,429

注・単位は億円

表6の1 関西興銀の資産内容（1999年3月末時点）

かがなものかと筆者は考える。

関西興銀はこうした内容を綴った緊急要請文を金融当局に渡したと言われているが、実は同じような悲鳴は日本の全国の中小金融機関からもたびたび聞かれる。メガバンク並みの検査基準をそのまま地方銀行や中小の金融機関に適用するのは妥当といえるか。資産査定を厳しくすればするほど、経営事情がハードな中小零細企業への資金供給のパイプは細くなり、地方の経済事情は悪化していく。金融当局はこうした問題を解決する処方箋を見出せていなかった。

金融庁ためらいの理由

それにしても、このような綱渡りの経営が続けられた結果として、すでに一九九九年時点で六九〇億円近い債務超過が判明していたにもかかわらず、なぜ当局は関西興銀の「破綻」処理を先延ばししたのだろうか。

近畿財務局長自ら描いたシナリオの中で、いくつかの在日韓国系信組を引き受けさせた結果、関西興銀の不良債権が膨れ上がっていったことに対して、金融当局は責任を感じていたのだろうか。

そんなことはないだろう。むしろ、当局が恐れていたのは、韓国経済の発展に大きく貢献してきた在日韓国人の基盤金融機関であった関西興銀を「破綻」させることによって生じる、日韓関係への悪影響であったと思われる。

関西興銀を日本一の信用組合に育てた李熙健は、韓国の政財界とも太いパイプを持つ人物として知られてきた。李は多くの在日コリアンに本国投資を促《うなが》してきた実績を買われ、朴正熙大統領をはじめ韓国の歴代大統領から手厚い保護を受け、韓国に日本の金融システムを導入し、大きな成功をおさめてきた。

八〇年代にはこうした韓国政府とのパイプを駆使して、在日コリアンの全額出資による都市銀行である新韓銀行を韓国に設立したこともすでに論じた通りである。同行はその後、韓国のメインバンクとして成長し、李熙健会長は同行の実質的なオーナーとして韓国の経済界でも大きな発言力を持つようになった。

関西興銀による公開質問状

2000年12月15日

金融再生委員会
　委員長　柳澤　伯夫　　殿
金融庁
　長　官　日野　正晴　　殿
近畿財務局
　局　長　増井　喜一郎　殿

信用組合　関西興銀

公　開　質　問　状

組合の、自己資本比率が4.58％とした、貸倒引当金の算出方法について、当局と組合及び組合の監査法人との間で、検証・協議中であったにもかかわらず、別途、組合の代表理事を、財務局別室に呼出し、債務超過であるとして再生法の適用を予告するといった当局の暴挙に対して、あらためて、公開質問状を提起したい。

1．貸倒引当金について、当局と組合が、検証・協議中にもかかわらず、その一方で、債務超過であるとして再生法の適用を一方的に、予告したことについて、当局の見解を明確にされたい。

2．破綻懸念先の引当実績率の算定期間について

算定期間の取扱については、組合の基準に準拠しており、当局の考え方を押し付けられるものではない。

あくまで、自己責任原則に基づいて作成されたものであり、当局は、それを検証する義務があり、いまだ、検証されたとの合意に達していない。

組合の取扱については、検査マニュアルに準拠しかつ組合の会計監査人・顧問の監査法人・弁護士すべてが当局の指示する算定期間の取扱よりも組合の取扱が合理的としていることについて回答をお願いしたい。

3．破綻懸念先のⅢ分類額全額（39先　299億円）を早期に毀損するとして、毀損したものと同じく分子に算入することについて

当局が、11年３月基準で実質破綻と認定した先（組合は破綻懸念として平行案件であった。）が、12年６月末基準で当局が、検証の上、破綻懸念先として上方修正された先について、なぜ、毀損しているとして分子に算入されなければならないのか。

当局が、実質破綻より破綻懸念先として認定したことは、逆にいえば、毀損の可能性が減少したということではないか。

それを、毀損しているとした、当局の考え方には、合理性が全くない。

金融検査マニュアルにも、破綻懸念先のⅢ分類については、回収が不確実な場合としており、毀損しているとは記載されていないことについて回答をお願いしたい。

4．貸倒引当金の予想損失額について

前回検査で、検証された当組合の貸倒予想額は、年間60億円である。よって、３年間の引当として、180億円が適正であるにもかかわらず、960億円もの過剰な引当を要求される理由について、明確な回答をお願いしたい。

資料６の１　関西興銀による金融当局への公開質問状　出所：『激震　関西金融』一六頁

日本の金融当局が他の金融機関のように関西興銀の不実経営になかなかメスを入れることができなかったのは、彼らが関西興銀のバックに存在する韓国政府の影響力に神経を払っていたからである。

本国政権にも見捨てられ

しかし、一九九七年に韓国を直撃した通貨危機の嵐は、翌年に発足した金大中《キム・デジュン》政権に企業や金融機関の構造改革のみならず、政府と金融機関との関係改善をも迫るものであった。

金大中政権は、政経癒着関係の打破を掲げて、不実企業を解体するとともに、金融機関の再編にも乗り出した。韓国政府は、ただちに総資産で首位の国民銀行と三位の韓国住宅銀行の合併を発表。また経営不振で公的資金が投入されたハンビット、平和、光州、慶南の四行も金融持ち株会社として経営統合されることになった。韓国政府は生き残れないと判断した金融機関の市場からの退出に力を注ぐ一方、収益力の向上を目指して金融機関の合併を促すようになった。

李熙健が韓国で育てた新韓銀行も、他行との統合を視野に入れた改革をしなければ生き残れない状況に追いこまれた。そもそも、新韓銀行は国内のメインバンクとして成長するにしたがって、本国株主が増加する一方、在日コリアンの株主比率・出資比率は低下していくというジレンマを抱えていた。

在日コリアンの出資比率が過半数を割った時点で、産みの親であった李会長の影響力は急速に低下していくことになったが、民主化を掲げる金大中の構造改革は、政権と金融機関の親密な関係を清算しただけでなく、李会長の新韓銀行への影響力も低下させていくきっかけになったのである。

二〇〇〇年一二月八日、日本の大手新聞に「韓国政府が関西興銀を軸とした在日韓国人系信用組合の再編を支援する計画がある」[*16]という記事が報道された。経営危機を迎えていた関西興銀の李熙健会長が、ある韓国の大物政治家を通じて、韓国政府に支援を要請し、交渉が大詰めを迎えている最中だった。関西興銀がつぶれると、在日社会に大混乱が生じ、多くの在日企業が連鎖倒産するという嘆願書が、李熙健会長から韓国政府に手渡されていた。

＊16　『朝日新聞』二〇〇〇年一二月八日

しかし、翌日、韓国政府は記者会見の場で公式に日本の新聞報道を否定した。それは、李熙健会長と韓国政府の蜜月関係に終止符が打たれたことを物語っていた。関西興銀の破綻処理が発表されたのは、それからわずか一週間後のことである。二〇〇〇年一二月、金融再生委員会が関西興銀の破綻を認めると、李熙健は会長を辞任、半世紀近く続いた関西興銀の李王朝は崩壊することになった。

第七章　幻のドラゴン銀行

大使の誘惑

二〇〇一年五月、日本全国に一〇〇店舗に迫る大型パチンコ店を展開しているアミューズメント企業・マルハンのオーナーである韓昌祐《ハン・チャンウ》は、米国・ニュージャージーにいた。現地のディクソン大学で開かれたチャリティ・パーティーに招待されたためである。パーティーのメインテーブルの一卓をチャリティとして一万ドルで買い取り、世界韓人商工人大会で知り合ったニューヨークの友人たちを招待し、楽しいひとときを過ごしていた。

そんな最中、日本から連絡があった。部下の報告では、崔相龍《チェ・サンヨン》駐日韓国大使から「緊急に連絡がほしい」というものだった。

韓がホテルに戻り、大使に電話すると、彼は「民団

韓昌祐

主導で在日韓国系の金融機関をつくる準備を進めている。ところが、思うように出資金が集まらない。協力してくれないか」と突然、切り出した。韓が「ソウルで用を済ませてから日本に戻るので、六月中旬には会えるでしょう」と答えると、大使は「できるだけ早く会って話がしたい」と懇願した。

同年六月一五日前後、日本に戻った韓は、さっそく駐日韓国大使館を訪れ、崔大使と面談した。以下は、韓の回顧録に基づく会談内容である。[*1]

大使　在日韓国人の生命と財産を守ることが、われわれの任務です。いま、在日の民族系金融機関がバタバタと倒れている。そこで在日同胞社会のためにぜひ銀行を設立したい。これまで銀行の設立案はいろいろ出ているけれど、次々に立ち消えになって計画が進んでいない。民団中央本部主導でも、出資金が集まらないので大変に困っている。韓会長、私を助けて下さい！　まず五〇億円を出していただけないか。八月三一日までに、銀行設立の申請を出さないといけない。今の段階で一人一億円や二億円を集めても、とても間に合わない。だからマルハン、ロッテ、平和、ソフトバンクの四社でそれぞれ五〇億円を出資して、二〇〇億円が集まったら、韓国政府が一〇〇億円を出資します。
韓 マルハンは二〇〇五年を目標に、売り上げ一兆円を達成するために邁進している。銀行設立に、出資するような余分なお金はない。
大使 駐日大使としてぜひ、お願いしたい！

崔大使が、マルハン以外に出資を募《つの》ろうとしたロッテ、平和、ソフトバンクは、マルハンと同じくいずれも創業者が在日コリアンである。ロッテの創業者、辛格浩《シン・キョクホ》（日本名・重光武雄）は、韓国の慶尚南道出身の在日コリアン一世で、日本でガムをはじめとする菓子メーカーを設立して成功を収めただけでなく、一九六〇年代の後半から母国・韓国にも進出し、食品のみならず、機械、電子、石油化学、建設、ホテル、百貨店など異業種にも系列企業を拡大し、本国投資でも大成功を収めた人物である。

＊1 韓昌祐『わが半生 夢とロマンと希望を胸に』マルハン、二〇〇七年、二七一～二七二頁

		資産額
1位	ウォルトン一族（米国）	27,836
2位	マース一族（米国）	10,120
3位	堤義明（日本）	9,900
4位	デュポン一族（米国）	9,460
5位	森一族（日本）	8,250
6位	ビル・ゲイツ3世（米国）	8,140
7位	サミュエルJr.&ドナルド・ニューハウス（米国）	7,700
8位	リー・エドワード&ロバート・バス（米国）	7,480
9位	ウォーレン・バフェッド（米国）	7,260
10位	エリファン・ハウブ一族（ドイツ）	6,820
11位	ハニエル一族（ドイツ）	6,820
12位	ハンス&ガット・ラウシング（スウェーデン）	6,600
13位	辛格浩（韓国）	6,600
⋮		
63位	中島健吉（日本）	3,190

注・資産単位は億円

表7の1　世界の億万長者ランキング（1993年）
出所：『フォーブス』1993年9月号

平和工業の中島健吉（韓国名・鄭東弼《チョン・ドンピル》）は、韓国の忠清北道出身の在日コリアン一世で、一九九一年にパチンコ産業初の店頭公開を行い、米国の経済雑誌『フォーブス』から世界のビリオネラーに選出された大金持ちである。彼の総資産は当時三〇〇〇億円とも言われていた（表7の1）。

ソフトバンクの孫正義は、彼らより若く、日本で生まれた在日コリアン三世であるが、一九九四年にやはり店頭公開市場に株式を上場し、当時株の七割を所有する孫の資産は二〇〇〇億円を超え、「日本のビル・ゲイツ」と騒がれた。[*2]

日本の長者番付のみならず、世界のビリオネラーにも名前を連ねている彼らなら、五〇億円という出資額も微々たる金額かもしれない。ただ問題は、彼らが在日コリアンの新銀行設立という大使の呼び掛けに応じるかどうかである。

辛格浩、中島健吉、孫正義とともに日本の長者番付にも毎年登場し、在日コリアンの資産家として注目されていた韓昌祐であったが、得体の知れない在日コリアンの銀行にいきなり五〇億円を投資しろというのは無理な注文であった。

当時、マルハンは売り上げ一兆円を目指し、全国各地に店舗を拡大し、業績を伸ばしていた。想定していた事業以外への五〇億円もの別枠出資は、今後の事業展開に悪影響を及ぼす可能性もある。

しかし「在日同胞社会のため」という大使の言葉に、韓の民族心は揺さぶられた。

＊2 孫正義についてはたくさんの文献があるが、佐野眞一『あんぽん 孫正義伝』（小学館、二〇一二年）が詳しい。

		総資産
1位	佐治一族（サントリー）	6,380
2位	福田一族（アイフル）	6,160
3位	武井一族（武富士）	6,050
4位	糸山英太郎（新日本観光）	5,390
5位	毒島邦雄（SANKYO）	5,170
6位	木下一族（アコム）	5,170
7位	岩崎福三（岩崎産業）	4,840
8位	孫正義（ソフトバンク）	4,730
9位	堤義明（西武鉄道）	4,070
10位	森章（森トラスト）	3,520
⋮		
24位	韓昌祐（マルハン）	1,210

注・総資産単位は億円

表7の2　日本の億万長者ランキング（2006年）
出所：『フォーブス』2006年7月号

会社に戻った韓は「売り上げ一兆円の達成に支障をきたさない範囲で用意できる資金はいくらか」を財務担当者に計算させ、なんとか二〇〇億円を捻出させた。

再び韓国大使館に出向いた韓は崔大使にこう伝えた。

「祖国の韓国大使にそこまで頼まれたのなら、協力します」

大使は韓の手を握りしめ、ロッテ、平和との交渉も進めることを約束した。[*3]

一〇日間で二〇〇億円集めた男

韓はマルハンから出資するだけでなく、多くの在日コリアンの商工人にも在日の新銀行設立の必要性を説《と》き、彼らに出資を呼び掛けた。

崔大使はロッテ、平和にも五〇億円出資させると言っていたが、この不景気の最《さ》中《なか》、いくら大企業のオーナーでも簡単にそんな大金を出資できるはずはない。在日コリアンの新銀行を設立するためには、自ら汗をかくしかないと、韓は思っていた。帝国ホテルに事務局をかまえた韓は、その日から、知り合いの在日商工人に片っ端から電話をかけまくり、資金集めに奔走した。

「今度、韓国政府が音頭とって、在日の銀行つくるんやけど、出資してくれへんか。あんたなんぼ出す」

「そんなこと、突然、言われてもなあ」

「あんたと私の仲やないか。そこをなんとか頼むわ」

「一〇億円ぐらいならなんとか……」

そんな生臭い会話が飛び交う中、韓はわずか一〇日間で在日商工人から二〇〇億円

＊3　前掲『わが半生　夢とロマンと希望を胸に』二七三頁

近い資金を調達するという離れ業《わざ》をやってのけた。

その後、韓が「二〇〇億近い資金を調達した」と崔大使に報告すると、大使の第一声は「冗談でしょ……」[*4]という一言だった。

新銀行設立構想を韓に提案した崔相龍大使とは筆者も面識がある。筆者が一九九七年に韓国の高麗大学に客員教授として招かれたとき、私を受け入れてくれた亜細亜問題研究所の所長が崔相龍教授であった。崔教授は日本の思想家・北一輝[*5]の研究家で、韓国では知日派の学者として知られていたが、私の印象では学者というより外交力にたけた政治家という印象が強い人物であった。

当時、崔教授はホテルで政治家と懇親会を開催するのが好きで、日本からやってきた政治家を韓国の政治家に頻繁に紹介していたことを覚えている。日本から招いた民主党(当時)の鳩山由紀夫代表を韓国・民主自由党の中心メンバーだった李洪九《イ・ホング》議員に紹介したのも崔教授であった。

崔教授は、日本の民主党結成に注目し、今後は自民党のみならず民主党との交流を強化していくことが日韓関係にとって重要であると主張していたが、こうした政治活動を通じて、彼がさらに上のポジションを目指していたことは間違いない。

その彼が金大中政権下で待望の駐日大使となり、日本に赴任したときは驚いたが、まさか韓国資本をちらつかせて在日コリアンの新銀行構想まで提案するとは思っていなかった。彼は日頃から駐日大使として何か歴史に残る仕事をしたいと言っていたが、今から考えると、彼にとって在日コリアンによる新銀行の設立構想は願ってもないステップアップのチャンスであったのかもしれない。

だが、崔大使が在日コリアンによる新銀行設立構想をどれくらい本気で韓会長に語ったのかはわからない。大使は「一週間とちょっとで二〇〇億円ちかい出資金を集める人間なんてどこにもいない」[*6]と述べたようだが、その言葉には、提案を真に受け、

＊4　同書、二七四頁

＊5　日本における国家主義運動の思想的指導者。一九〇六年に『国体論及び純正社会主義』を出版。社会民主主義を説き、当時の社会党に反対し、日露戦争を是認する一方、維新革命で生まれた公民国家で普通選挙と経済革命を進め、帝国主義を世界連邦へと進化させることを主張した。その後、『日本改造法案大綱』を刊行。国難打破のため、亜細亜連盟の旗を掲げて、英露の侵略からアジアを解放せよと呼び掛けた。

＊6　前掲『わが半生　夢とロマンと希望を胸に』二七四頁

それを実行した相手に対する戸惑いも感じられる。しかし、韓が実際に大使との約束を果たしたことで、大使も韓も後には引き返せない事態になっていった。

在日銀行設立案に憑かれた人々

二〇〇一年七月三〇日、新銀行の第一回発起人会が開催された。記者会見の場で韓は、新銀行の名称を「ドラゴン銀行」とし、同行が破綻した関西興銀、東京商銀、京都商銀、福岡商銀の四信組を引き継ぐと発表した。

「ドラゴン」銀行という名前は、提案者である駐日韓国大使・崔相龍の最後の一文字の「龍」にちなんでつけられたという。記者会見で配られた資料によると、「ドラゴン銀行」の主な発起人と彼らの出資額（引受株数とそれに応じた払い込み金額）は、以下のようなものであった。

韓昌祐（株式会社マルハン代表取締役、六万株、三〇億円）
岡田和生（アルゼ株式会社代表取締役、六万株、三〇億円）
金弘周（株式会社本家かまどや代表取締役、五万株、二五億円）

兪在根（東京韓国商工会議所会長、四万株、二〇億円）
山田健治（有限会社公楽代表取締役、二万株、一〇億円）
崔中卿（プラザ総業株式会社社長、二万株、一〇億円）
金田時男（株式会社大栄物産代表取締役、二万株、一〇億円）
谷川裕己男（淡路総業株式会社代表取締役、二万株、一〇億円）
千原浩義（海成株式会社専務取締役、二万株、一〇億円）
金慶憲（洛西建設工業株式会社社長、一万株、五億円）
岩本秀治（株式会社岩商社長、一万株、五億円）
金宰淑（在日本大韓民国民団中央本部団長、二〇〇株、一〇〇〇万円）

結局、予定していた大口出資者のうち数名が辞退したため、韓はマルハンからの出資を一〇億円増額し、出資金の合計は一六七億円になった。崔大使が要求した二〇〇億円には届かなかったが、大使が突然提案したにもかかわらず、短期間でこれだけの資金が集まったのは驚くべきことである。

なぜ在日コリアンの商工人たちは、ここまで銀行設立に憑《つ》かれるのだろうか。韓は

第一回発起人会の場で代表として、こんな挨拶を行っている。

われわれはドラゴン銀行の創業にあたり、自分の商売に何のメリットもないことを自覚してほしい。いいですか。在日同胞社会の金融情勢のピンチに、何か一役買って在日同胞のために奉仕する。創立メンバーの一人として名前を連ねて、五〇年、一〇〇年たったときに、自分たちの子孫が、「うちのおじいさんがこんな銀行を作ったよ」というぐらいの名誉しか残らない。出資金を出した人が、ドラゴン銀行から融資を受けたいとか、一切思わないでくれ。ここにいる全員が理事になるのだから、金を借りることはまかりならん！[*7]

要するに、在日コリアンによる新銀行設立の目的は、金儲けではなく名誉であると韓は言うのだ。そこには、実業家として成功しながらも、自身が受けてきた日本の金融機関からの露骨な民族差別、あるいはそこから派生した「日本人からまともに評価されない仕事をするだけでは駄目だ」という在日コリアン一世が味わってきた「賎民意識」をなんとか乗り越えたいという強い思いがあった。

マルハン伝説

韓昌祐は、一九三一年、韓国の慶尚南道の三千浦に生まれた。父親は細々と農業を営む小作農であった。韓が兄の勧めに従って、日本に渡ったのは一九四七年一〇月、一六歳のときである。

一九四八年、兄と義兄の援助を受けながら法政大学専門部に進学。卒業後は、京都の京丹後市で義兄が経営するパチンコ店を手伝い、パチンコ店経営のノウハウを覚えた。

一九五三年、韓は二二歳のとき、義兄からパチンコ店を引き継いだ。五七年には峰山町で名曲喫茶「るーちぇ」も開店し、二階はレストラン、地下はクラブに、夏場には屋上でビアガーデンを開くなど、一日二四時間ほとんど寝ずに懸命に働いた。丹後ちりめんの好況期に入って、パチンコ店が大繁盛すると、六五年には二号店をオープンさせた。

＊7　同書、二七五〜二七六頁

一九六七年、日本各地でボウリングブームが起きると、韓はパチンコ店経営にとどまらず、ボウリング場経営にも乗り出した。ボウリングがパチンコに代わって日本人の娯楽産業になると考えたのである。韓は、七二年には静岡に一二〇レーンの巨大ボウリング場を建設し、日本最大規模の大型ボウリング場のオーナーとなった。

しかし、ボウリングブームは長くは続かなかった。一九七三年、国民のボウリング熱が冷めて客足が止まると、石油危機も重なって、会社の経営は急速に悪化し続けた。この結果、韓は六〇億円を超える負債を抱え込むことになった。

負債返済を迫られた韓は、ボウリング場経営に見切りをつけ、パチンコの郊外型店舗経営に活路を見いだす。一九七五年、韓は豊岡市のボウリング場を売却した資金で、姫路と神戸に郊外型のパチンコ店をオープンさせた。韓が自分のパチンコ店にマルハンという名前をつけるようになったのはこのころである。

それまでのパチンコ店舗は、地価の高い駅前や商店街に出店されていた。韓は、これまで同業者が見向きもしなかった郊外にパチンコ店舗をかまえ、店舗開発にできるだけお金をかけないローコスト経営にこだわった。

神戸と姫路の幹線道路沿いにつくった郊外型店舗は、車の出入りがしやすいこともあり、お客を引きつけた。「マルハン神戸店」「マルハン姫路店」が大ヒットすると、韓は迷わず郊外の安い土地に次々に新店舗を拡大するという新戦略にうってでた。

その後、韓は新たに設立した店舗の土地と建物を担保に金融機関からお金を借入れ、その資金で別の郊外市場に新店舗をつくるというやり方で、全国に店舗を拡大していった。この際、韓はあえて競合するパチンコ店がある地域への出店にこだわった。ライバル関係にあるパチンコ店との競争を避けるのではなく、「競合店の力を有効活用し、ライバル店のお客様を奪う」[*8]という闘争的手法を展開しなければ、パチンコ戦国時代を生き抜いていけないと考えたのである。

なぜ在日コリアンの銀行が必要か

それから二〇年、韓は休む暇なく、全国各地に大型のパチンコ店をつくり続けてきた。気がつくと、二〇〇〇年にはマルハンのパチンコ店は全国に六六店舗、社員は一

＊8　奥野倫充『マルハンはなぜ、トップ企業になったか？』ビジネス社、二〇〇六年、一三二頁

四二六人、売上高二八九七億円、経常利益五八億円[*9]という日本を代表する巨大アミューズメント企業に成長していた。

あるとき、筆者は韓に「企業を大きくする過程で一番苦労したことは何か」と質問したことがある。彼は迷わず「日本の銀行からお金を借りること」と答えた。韓には資金調達で苦い思い出がある。マルハンの本社は京都にありながら、地元の金融機関とはほとんど取引がない。なぜか。韓の話によれば、「京都の主だった銀行や信用金庫は、在日韓国人・朝鮮人事業者への融資に冷たかった[*10]」からである。

韓は証言する。

一九六〇年ごろ、結婚をして名曲喫茶「るーちぇ」を経営していたとき、京都のある銀行の支店に五〇万円か一〇〇万円程度の小口の融資を受けようと思って行った。その時分は、「個人の保証人ではだめだ。公の信用保証協会の保証を取

＊9　同書、五八頁
＊10　前掲『わが半生　夢とロマンと希望を胸に』一二八頁

	売上高（百万円）	店舗数	一店舗当たり売上（百万円）	機械台数
1997年	168,510	48	3,511	17,607
1998年	200,306	50	4,006	18,398
1999年	238,625	59	4,044	22,990
2000年	289,737	66	4,390	26,777
2001年	389,978	85	4,588	35,992
2002年	575,886	113	5,096	50,023
2003年	363,349	121	3,003	56,659
2004年	928,123	140	6,629	69,478
2005年	1,277,832	166	7,698	85,123
2006年	1,639,939	186	8,817	101,747

表７の３　マルハンの売上推移

	経常利益（百万円）	社員数	パート・アルバイト数	従業員合計
1997年	3,699	1,184	808	1,992
1998年	7,040	1,132	1,479	2,611
1999年	5,799	1,302	1,582	2,884
2000年	5,856	1,426	1,586	3,012
2001年	8,549	1,515	1,868	3,383
2002年	8,111	1,961	2,634	4,595
2003年	6,363	2,048	3,086	5,134
2004年	20,586	2,334	2,981	5,315
2005年	21,482	2,748	4,555	7,303
2006年	26,891	2,888	5,540	8,428

注・2003年は半期決算の売上

表７の４　マルハンの規模推移

出所：奥野倫充『マルハンはなぜ、トップ企業になったか？』ビジネス社、58頁（両表とも）

ってこい」といわれていた。ところが、ぼくが言われた通りに信用保証協会の保証を取って、個人の保証人も作ったのに、結局お金を貸してくれなかった。ところが他方で、その支店では、お茶屋さんには、保証人を作るだけで二〇〇万円、三〇〇万円とお金を貸していた。ぼくに融資をしなかった理由は、ぼくが韓国人だったからなのか？　あるいは、パチンコ業者だからダメだったのか？　それはわからない。だが、ぼくは不公平だと思った。[*11]

韓がかつて体験したこうした金融機関からの差別は、自らの出自やパチンコ業者への日本社会の差別的なまなざしを強く意識させるものであったに違いない。その後、「日本の金融機関の融資には業種や人種に対する差別がある」という屈辱感を背負い続けた韓は、在日コリアンによる在日コリアンのための新銀行設立への思いを募らせていくことになった。

対抗馬の登場

韓昌祐を中心として韓国大使館と民団中央が「ドラゴン銀行」の第一回発起人会を

開催してから、わずか九日後の二〇〇一年八月八日、在日社会に衝撃が走った。エムケイタクシーの創業者で、近畿産業信用組合の会長である青木定雄（韓国名・兪奉植《ユ・ボンシク》）が突然記者会見をし、同信組が「破綻した関西興銀と京都商銀の受け皿になる」と発表したのである。

二〇〇〇年、経営不振で債務超過に陥っていた京都シティ信用組合の再建に乗りだした青木は、続いて経営破綻した大阪商銀の救済にも乗りだし、二〇〇一年には両信組を統合し、近畿産業信用組合として再スタートさせたところだった。

青木定雄は、一九二八年、韓国の慶尚南道の南海島に六人兄弟の三男として生まれた。三一年生まれの韓昌祐の三歳年上だが、二人はほぼ同じ世代と見てよいだろう。韓は一九四七年、一六歳で来日しているが、青木は一九四三年、一五歳で日本に渡っている。

先に京都で生活していた祖父と兄を頼って日本に留学した青木は、昼間は軍需工場で働きながら夜学に通い、大学進学を目指した。なんとか立命館大学に合格するも、

＊11　同書、一二九頁

あこがれた学生生活は長くは続かなかった。

大学を中退した青木は、職業を転々とした後、一九五六年、二八歳のとき倒産したガソリンスタンドの経営権を債権者から譲り受け、経営者としてのスタートを切った。偶然かもしれないが、二二歳のとき義兄からパチンコ店を引き継ぎ経営者の道を歩み始めた韓と、経営者としてのキャリアも似かよっている。

タクシー革命の風雲児

ガソリンスタンドでひと儲《もう》けした青木がタクシー業に進出したのは、一九六〇年、三二歳のときだった。「タクシー会社をやれば、ガソリンスタンドと相乗効果で儲かるんじゃないか」と顧客に言われたのがきっかけであった。

とはいえ、タクシー会社の経営が最初から順調であったわけではない。一〇台のタクシーをそろえ、運転手を二四人雇ったものの、彼らの無断欠勤、遅刻、早退で、当初、売り上げはまったく伸びなかった。原因は運転手の劣悪な生活環境にあった。彼らの生活環境を改善するため、青木は社宅を造り、マンションを建てた。そして、当時平均月収七万円だった運転手の基本給を一二万円に引き上げ、銀行の支店長並みの賃金水準にした。

この結果、運転手の遅刻や欠勤は激減し事故も減ったが、彼らの賃金を引き上げるには生産性も上げなければならない。青木は、他社よりも高い賃金を維持していくため、運転手には賃金の引き上げに見合うだけの高いサービスの提供を求めた。

「客を出迎えるとき、自動ドアを使わず、運転手は一度タクシーから降りて、運転手自らの手でドアの開け閉めを行う」「客に挨拶する」「近距離を嫌がらない」など、運転手に対する接客マナーを厳しく指導することで、他のタクシーとの差別化をはかろうというのが、青木の狙いだった。

青木定雄

なかでも青木は運転手の客への挨拶にこだわった。「ありがとうございます」「エムケイ・ドライバーの○○です」「どちらまでですか」「ありがとうございました」「お忘れ物はございませんか」。運転手が以上の挨拶を実行しないときは、運賃をいただかないという案内を乗車席に貼り付けた。運賃に挨拶というサービスも含まれていると青木は考えたからである。

サービス精神あふれたタクシー会社というイメージアップ戦略は、やがて少しずつ顧客の信頼を勝ち取るようになっていった。そうして経営が軌道にのると、京都市内のタクシー会社を次々と買い取り、規模を拡大していった。六三年には桂タクシー、六八年には駒タクシーを買収し、社名を現在のエムケイに改め、次第に多くの乗客から支持され、京都を代表するタクシー会社に成長していった。

国に反旗を翻す

青木定雄の名前を日本中に轟《とどろ》かせたのは、タクシー運賃の見直し運動である。現在、タクシーの運賃の基本料金は三〇〇円台から七〇〇円台まで実に多様化しているが、青木がこの運動を展開するまで、タクシー業界には「同一地域、同一運賃」という厳しい原則があった。

異なるサービスを提供するタクシーが、同じ地域というだけで、同じ運賃で営業されているというのはおかしいのではないか。ましてやタクシー業界が営業努力もせずに定期的に値上げ申請するのは、もっとおかしい。そう考えた青木は、一九八一年、タクシー業界が一斉に値上げ申請に踏み切る中、値上げに同調せず、「エムケイタクシーは運賃値上げを致しません」と宣言し、タクシーにステッカーを貼って、値上げ反対運動を展開した。

当然、タクシー業界から青木とエムケイタクシーに猛烈な反発の声が高まったことは言うまでもない。「同一地域、同一運賃」の原則がある限り、エムケイが賛同しなければ、他社も値上げできないからである。まさに青木のやり方は、「同一地域、同一運賃」を逆手にとった奇襲攻撃であった。

だが、その日から、陸運局の青木に対する風当たりは強くなった。青木は陸運局から呼び出され、「値上げに同調すべき」という説得を何度も受け、最後にはしぶしぶ運賃値上げに応じることになったが、どうしても納得できなかった。値上げは客離れを引き起こし、結果的に売り上げの減少を招くと予想したからである。[*12]

一九八二年、青木は世間を驚かせる反撃に出る。なんと運輸大臣に「タクシー運賃値下げ要望書」を提出し、タクシー運賃の値下げを申請したのである。翌八三年、大阪陸運局はエムケイの値下げ申請を「同一地域、同一運賃」を根拠に却下するが、全

＊12　『日経ベンチャー』二〇〇五年一二月号、一三〇頁

国のタクシーが値上げを行おうとしている中で、値下げを行おうとするエムケイタクシーの問題提起はマスコミでも注目され、世論の関心を集めることになった。

さらに世論を味方につけた青木は、「タクシー運賃の値下げ申請」却下を不当として大阪地裁に提訴する。裁判から二年後の八五年、大阪地裁は「同一地域、同一運賃」の原則をカルテルと見なし、「値下げ申請却下」処分の取り消しを命じた。大方の予想に反して、青木の全面勝訴だった。判決を不服とした運輸省・陸運局であるが、タクシー運賃の値下げを支持する世論の動向を無視できず、結果的に青木に和解を申し入れることになった。一九八九年、青木と運輸省・陸運局の間で和解が成立、青木の主張が世の中に認められ、その後、タクシー運賃自由化の流れが一挙に加速することになった。

関東と関西の代理戦争

タクシー業界で成功を収めた青木定雄が、金融業界に参入した理由はなんだろうか。その背景には、韓と同じように自らの職業に対する劣等感が強く作用していたと思われる。

青木はインタビューや講演会で、タクシー運転手には身勝手な者が多く、お客に対する接客態度も悪いとたびたび指摘してきた。そして、その原因の一端はタクシー業界の劣悪な労働環境にあると、ことあるごとに論じてきた。青木の夢は、こうしたタクシー運転手の職業意識を高め、彼らに対する処遇を改善し、彼らの社会的地位を高めることにあった。

しかし、青木がタクシー経営者として成功すればするほど、青木の中には一介のタクシー経営者にはとどまりたくないという思いが強くなっていったのではないだろうか。青木は、エムケイを中心に一八億円を調達して、京都の財界から見放された京都シティ信用組合の救済に乗りだし、さらに自身の拠出を含め二〇億円を集めて経営破綻していた大阪商銀を同信組と統合して、近畿産業信用組合という在日コリアンにとっての新たな金融機関を立ち上げた。それは、ある意味で彼の経営者としてのプライドを賭けた闘いであった。

だが、近畿産業信用組合が、大阪商銀についで破綻した京都商銀のみならず、関西興銀の受け皿になると青木が表明したことは、すでに関西興銀や京都商銀など四信組を引き継ぐと発表していた韓昌祐を中心とする「ドラゴン銀行」グループに対する、宣戦布告にほかならなかった。

しかも、「ドラゴン」グループと対立するということは、韓昌祐という怪物企業のオーナーである企業家と敵対するだけでなく、提案者である韓国大使の意向に歯向かうことでもある。同時に、「ドラゴン銀行」の支持母体である民団中央に反逆する行為でもあった。

しかし青木は、民団内部にも「ドラゴン」グループに反発する声が少なくないことを感じとっていた。

関西興銀や京都商銀の受け皿になることを表明した「ドラゴン銀行」構想が、韓国大使館や民団中央など関東主導の中央集権体制下で進められたことに対する、関西の民団幹部の反発が強かったからである。

民団大阪の幹部の中には、「在日コリアンの中小企業に銀行はいらない」と、大使館・民団中央の「ドラゴン銀行」構想に露骨に反対する者もいた。こうして関西興銀の受け皿をめぐるドラゴン銀行と近畿産業信用組合の闘いは、やがて在日社会における東と西の代理戦争の様相をおびるようになっていった。

「ドラゴンvs.近産信」戦争の結末

二〇〇一年一〇月、「ドラゴン銀行」陣営は、新銀行の頭取に元中央信託銀行常務の水野良太氏を迎え、第二次出資者の募集を開始した。一一月には、金融庁の予備審査申請を完了して、関西興銀など破綻四信組の受け皿認定を得たいと考えていた。

この時点まで、韓をはじめとする「ドラゴン銀行」陣営は破綻四信組の受け皿として自分たちが選ばれることは間違いないと確信していた。崔駐日韓国大使や韓国の財務官が、「ドラゴン銀行は絶対にできる」と「ドラゴン」陣営に吹聴《ふいちょう》していたからである。韓が自己出資を含め在日商工人たちから二〇〇億円近い資金を集めたのも、「韓国政府と日本政府の間でドラゴン銀行をつくる合意ができている」という確信があったからに他ならない。

しかし、一二月、「ドラゴン」陣営の予想に反し、金融庁は関西興銀など破綻四信組の受け皿を競争入札によって決めることを発表した。韓にとって、この金融庁の決定は寝耳に水だった。このままいけば、関西興銀など破綻四信組の受け皿をめぐって、「ドラゴン銀行」と近畿産業信用組合が競争入札という形で争うことになる。入札に負けたほうは、注ぎ込んだ莫大な資金が水の泡になってしまう可能性もある。
「ドラゴン銀行」の代表発起人の一人であった「本家かまどや」のオーナーである金弘周は、以前からこうした最悪の事態だけは回避したいと考え、敵陣営である近畿産業信用組合の青木との会談を申し入れていた。
青木と会った金は、単刀直入に切り出した。

金　青木さん、関西興銀や京都商銀を救いたいという気持ちは、みんな一緒や。どうです。ここで、青木さんと韓さんで劇的な「薩長同盟」組むというわけにはいきまへんやろか。二人が「薩長同盟」結んだら、誰も血流さずにすみます。
青木　私は誰とも闘うつもりありまへん。私たちは私たちのやり方で粛々と手続きを進めるだけのことです。
金　どないしても、一緒にできまへんか。
青木　もうここまで来たら後には引けまへんやろ。

結局、金弘周と青木定雄の会談は決裂した。そして、二〇〇一年一二月、競争入札が実施された。入札の結果は、「ドラゴン銀行」の一三八二億円に対し、近畿産業信用組合一四八二億円。「ドラゴン銀行」は、一〇〇億円の差で近畿産業信用組合との闘いに敗れた。京都シティ信用組合という京都のちっぽけな金融機関のオーナーだった青木定雄が、預金高数十倍の関西興銀を飲み込んだ瞬間だった。

「二〇〇億円を集めれば、在日同胞のための民族銀行ができる」と韓国大使にそそのかされ、新銀行をつくるために莫大な資金を注ぎ込んで、銀行設立に奔走してきた韓は、腹の虫が収まらなかった。二〇〇二年一月、「ドラゴン」陣営は韓国大使館で抗議集会を開き、大使に詰め寄った。

当時、大使館内で交わされた韓国大使と「ドラゴン」陣営のやりとりを、韓は以下のように記録している。[*13]

韓　大使！　あんたが国と国が約束して銀行を作るというから、今まで働いてきたんだ。何で銀行ができなかったのか！

＊13　前掲『わが半生　夢とロマンと希望を胸に』二七九頁

崔大使　在日同胞社会が分裂したから、銀行ができなかった。

この大使の一言で、「ドラゴン銀行」設立の夢ははかなく消えた。それからまもなく、都内のホテルで「ドラゴン銀行」の発起人と関係者が集まり、「株式会社ドラゴン」の解散が決議された。後に韓昌祐は「ドラゴン銀行」の挫折を「不運」という言葉で総括しているが、在日コリアンの銀行設立をめぐる騒動は、「不運」という言葉ではくくれない、大きなしこりを在日社会に残すものとなった。

第八章　近産信「クーデター」事件

青木イズム

ドラゴン銀行との熾烈《しれつ》な競争入札に勝利した青木は、破綻した関西興銀と京都商銀を近畿産業信用組合（近産信）に統合するにあたり、それぞれの金融機関の従来の給与体系や人事を一新した。能力のない者は、専務だろうが、支店長だろうが、降格させた。[*1] 関西興銀や京都商銀からそのまま近産信に残った役員や管理職の反発は激しいものであった。

しかし、能力のある者は年齢にかかわらず評価されるという方針が打ち出されたことで、若い職員のやる気を引き出すことになった。そして、一度破綻した金融機関を再生するために、青木が一番こだわったのは、職員の意識改革である。

＊1　『日経ベンチャー』二〇〇六年一月号、一三八頁

青木は、会長に就任したその日から、近産信の全職員に対し、エムケイと同じように、掃除と挨拶の徹底を義務づけた。その背景には「タクシー業で培ったノウハウでお客様を大事にすれば、必ず発展する」という青木の信念があったからである。

そのため、青木は全職員に開店前に皆でトイレを掃除させ、終わると店の前に並んで「いらっしゃいませ。かしこまりました。少々お待ち下さいませ。お待たせしました。ありがとうございました」という五つの挨拶を大声で言わせた。皆で近産信の応援歌を歌わせ、最後に信念七ヵ条を唱えさせた。青木は全支店を回り、恥ずかしがって声を出そうとしない職員に対しては、自らやってみせた。「なぜ、そこまで」という世間の批判をよそに、青木はお客様への挨拶にこだわった。きちんと挨拶できる人材を育てなければ、お客様の信頼を得ることはできないと、青木は考えたのである。

青木が会長に就任してから四年後の二〇〇五年、職員の意識改革が実を結んだ。この年、総預金五〇〇〇億円を達成。三二店舗はすべて黒字化し、近産信の三月期決算の当期純利益は五四億円となり、組合員数六万一八四〇人は大阪府下の信用組合の中でトップになった。

しかし、青木が重視したのは、業績を数字に反映させることだけではない。都市銀行にはできない役割を近産信が果たしていくことだと、青木は考えた。金融危機を背景にした大手金融機関による「貸し渋り」や「貸しはがし」で中小零細企業が経営困難な状況にあるなか、近産信はそれらを支援・救済したり、高齢者や身障者を対象にした無利息融資を続けてきた。年金受給者支援資金「おもいやり」や身障者福祉ローン「安心」などがその代表的なものである。こうした近産信の取り組みは、社会的弱者の立場に立った金融機関の役割を重視してきた青木イズムのあらわれであったと思われる。

マスコミからの攻撃

順調なすべりだしを見せていた近畿産業信用組合であったが、同信組を率いる青木会長がときどき見せた破天荒な発言や振る舞いは、同信組への世間の注目を集める一方で、マスコミ攻撃のターゲットとなった。

二〇〇五年、近鉄バファローズの解散が決まったとき、青木会長はまっさきに記者会見を開き、「関西の景気を良くするためにも、何とかせなあかん」と述べ、新球団創設の意気込みを語ったが、実現することはなかった。また二〇〇八年、経営不振に苦しむ新銀行東京への支援を打ち出すも、成就《じょうじゅ》することはなかった。多くのマスコミは、青木のこうした振る舞いを売名行為だとこき下ろした。

たしかに、この時期の青木には、信用組合の会長としての立場とエムケイタクシーの実質的なオーナーという立場のけじめを欠いた、公私混同と批判されてもやむを得ない振る舞いが見られるようになった。それを象徴する事件が、二〇〇五年三月から五月にかけてマスコミで報じられた。

青木が会長を務める近産信が、青木の息子など関係者が経営するエムケイタクシーなどのファミリー企業五社に、担保を充分にとらないまま、優遇金利で一一〇億円以上の不明朗な融資を行っていたというのである。[*2]

また、青木会長の指示により、当時自民党の国会対策委員長だった中川秀直衆議院議員が開催した政治資金集めのパーティー券を、近産信の幹部が本店の部長や支店長に販売させていたという事実も判明した。[*3]

後者の件について、中川議員の事務所は『産経新聞』の取材に「京都のエムケイ（タクシー）に飛び込みパーティー券の購入をお願いしたところ、青木会長に快く引き受けてもらった。一〇〇枚置いていったが、その後はどのように売られたかは分からず、信用組合が販売したとは知らなかった」と、エムケイタクシーを通じて青木会長にパーティー券を引き受けてもらった事実を認めた。

一方、青木会長は、同紙の取材に対し「近産信には七〇～一一〇枚ぐらいお願いした。在日韓国人などの親睦団体などに頼むよう、（近産信の）秘書室長に個人的にお願いしただけで、違法でも不適切でもない」と、自らの行為にやましいことはないと反論した。さらに近産信側は「職員に対する指示や強制はしておらず、親睦団体に販売するようにお願いしただけ」と弁解した。[*4]

しかし、金融機関が特定の政党に所属する政治家の政治資金集めのパーティー券を販売代行する行為は、政治的中立を求めた中小企業等協同組合法に抵触する可能性がある。また、エムケイが引き受けたパーティー券が、青木会長の仲介で近産信の関係者に販売されたことは、近産信がエムケイの実質的なオーナーである青木会長に私物

＊2　『産経新聞』二〇〇五年三月二九日
＊3　『産経新聞』二〇〇五年五月一六日
＊4　同前

化されているという印象を与えた。
青木会長の不用意な振る舞いは、公的資金の投入を受けた金融機関の責任者として、マスコミの攻撃を受けても仕方のない軽率な行為であったと思われる。

突然の訪問

この件について『産経新聞』からコメントを求められた筆者は、次のような私見を述べた。

エムケイと近産信の区別をつけ、「近産信は組合員のもの」という自覚を強くもってほしい。(中略) 近産信の関係者からも経営陣に対する不信感をよく耳にする。このままでは安心して預金できない。近産信が信頼を回復するのは、外部の人材の登用や識者を交えた経営再生委員会の発足など、もっとオープンな経営にすべきだ。どんぶり勘定的経営から脱却しないと生まれ変われない。[*5]

私のこの見解は、同事件を報じた『産経新聞』朝刊の記事に関する識者コメントとしてそのまま掲載された。すると、記事が掲載された二〇〇五年五月一六日、私の自宅に近産信の顧問弁護士と名乗る男性から電話があった。

「たいへんなことをしてくれましたね。あなたのコメントで近産信は大騒ぎになってますよ。あんまりええ加減なこと言われると、困るんですよ。青木会長を怒らせたらこわいですよ。今後は気をつけてください」

電話の主によると、筆者のコメントを読んで、定期預金の解約に来た者もいるという。筆者の不用意な発言で近産信が迷惑しているというのである。新聞のコメントという仕事はこれまでに何度もこなしてきたが、このときはさすがにややこしいことに巻き込まれてしまったという思いがつのった。

それから二日後の五月一八日の午前、自宅の書斎で仕事をしていると、発信名がわからない相手からの着信で携帯電話が突然鳴った。携帯にでると、予想もしていなかった人物からの電話であった。

「朴先生ですか」

＊5　同前

「どちらさまでしょうか」

「青木です」

「どちらの青木さんですか」

「近産信の青木定雄です。先生の新聞のコメント、読ませてもらいました。誤解されると困るので、一度直接お会いしてお話しさせていただきたいんですが」

「では、どちらに伺えばいいですか」

「今、先生のご自宅の前におります」

「えっ、少しお待ちください」

私があわてて玄関に飛び出ると、青木会長は雨が降る中、傘もささず、私の自宅の前に立っていた。

玄関の門をあけて、頭を下げると、青木会長は豪華なフルーツバスケットを差し出しこう言った。

「朴先生のお父様が入院されているという話を聞きました。これは、ほんの気持ちです」

突然、私の自宅にまでやってくるという奇襲作戦にも驚かされたが、どこから、父の入院という情報までかぎつけたのか。そんなことを考えていると、青木会長が頭を下げ、こう言ったのである。

「先生、私たちを助けてください」

「何をおっしゃるんですか。頭をお上げください」

「先生が何を発言されようと、それは自由です。しかし、新聞社の出鱈目な情報に基づいて預金者の不安をあおるようなコメントは困ります」

「私は、『産経新聞の一連の報道が事実とすれば』という前提で発言しましたが、報道が事実でないとすれば話は別です。近産信側から正式な反論があれば、私もちゃんと受けとめる覚悟はあります」

「今すぐ近産信に来ていただければ、担当者から説明させますので、この車に乗ってください」

有無を言わせない迫力であった。そして私はそのまま、青木会長の専用車で大阪・鶴橋すぐそばの近産信の本店に連れていかれた。

卵丼と経営諮問委員会

近畿産業信用組合の本店に着くと、青木会長は「先生はお昼、まだでっしゃろ」と言い、筆者を八階の職員食堂に誘った。昼時で混み合う食堂で、青木会長は卵丼をうまそうにたいらげると、こう言った。

「私はいつも昼食を職員とここで食べるんです。近産信の創業精神は質素と勤勉です。お昼は一杯四〇〇円の卵丼で充分なんです。この信用組合に贅沢は許されません。お客様の大切なお金を預かってますから」

昼食を終えると、会長に秘書室に案内され、近産信からエムケイタクシーへの融資が不正なものであるかどうか検討してほしいと、エムケイの関連企業に関する内部資料を見せられた。

『産経新聞』の報道では、当時の近産信の貸出平均金利は三％台後半であるのに対し、エムケイのグループ企業五社（京都エムケイ、神戸エムケイ、大阪エムケイ、エムケイ石油、太陽コーポレーション）には貸出金利が二・五％と平均金利を大きく下回る優遇金利が適用されていたという話だった。[*6]

だが、青木会長は上記のエムケイのグループ企業が京都市内の他の金融機関からは二・五％をさらに下回る金利で資金を調達できているという内部資料を示した。そして、エムケイにあえて金利の高い近産信から資金を調達させているのは、ひとえに近産信の業績を上げるためだと力説した。

また青木会長は、近産信から二・五％を下回る低金利で貸出を受けている企業もあるという内部資料を示し、業種や実績によって貸出金利は異なるものであり、近産信が特定の企業を優遇することはありえないと述べた。

青木会長の釈明を聞き、近産信が貸出金利でエムケイのグループ企業を優遇しているという『産経新聞』の記事には「確かに誇張がある」と筆者は認めた。とはいえ、企業コンプライアンス（法令遵守）に対する世間の目が年々厳しくなる今日、政治資金集めのパーティー券の販売代行問題など、エムケイグループの元オーナーと近産信の会長という立場を混同した青木会長の軽率な行動が、誤解を生んでいることも事実であった。筆者は、思い切って会長にこう言った。

「会長はエムケイの経営から退《ひ》かれたんですから、これからは近産信の会長職に専念

＊6　『産経新聞』二〇〇五年三月二九日

したほうがいいと思います。エムケイの元会長が近産信を『私物化』しているというような印象を与えるのはよくありません。マスコミから後ろ指をさされないためにも、今後は、経営をオープンにし、近産信のコンプライアンスを高めるために、外部の人材や識者を登用した経営諮問委員会を作ってはどうですか」

すると、青木会長はこう切りかえした。

「産経さんの記事に事実誤認があること、先生にも理解してもらえましたやろ。理解していただけるんなら、近産信の新聞に先生の新聞コメントが間違っていたという談話を発表してもらえませんやろか。そしたら先生の提案どおり、識者も入れて経営諮問委員会を作ることを約束しまひょ」

青木会長の迫力に押されて、私はその場で次のような文章を書いた。

近畿産業信用組合の幹部の方々と直接会い、『産経新聞』の一連の報道記事について真実を説明して頂き、検討した結果、先の報道や談話が読者に誤解を与えた可能性がある。(中略) この問題に対する『産経』の報道については事実と食い違う部分もあり、先の私のコメントも撤回せざるをえない。[*7]

この文章は同年六月、近産信が発行する『きんさん新聞』に掲載された。今から振り返ると、『産経新聞』に掲載された近産信に関する一連の報道には、ある種のバイアスがかかっていたとも考えられるが、近産信が抱えていた在日コリアンの金融機関としての問題点を突いていたことも事実である。だが、筆者としては、青木会長がこれを契機に考えを改め、外部から人材を入れて企業コンプライアンスを高めるために経営諮問委員会を作るのならば、民族金融機関の再生を願う者として喜ばしいことだと考えた。

会長は約束どおり、筆者を含め弁護士や大学教授など五名の外部識者をメンバーとする経営諮問委員会の設置を決め、定期的に経営諮問委員会が開かれることになった。委員会には青木会長も参加し、委員が青木会長に直接意見を述べる機会も与えられた。

学者、弁護士、企業家からなる外部委員の意見が、どれだけ近産信のコンプライア

＊7　『きんさん新聞』二〇〇五年六月一日

ンスを改善・強化するのに役立ったかはわからないが、こうした委員会が設置されている間は、少なくとも青木会長の暴走にも歯止めがかかっていたように思われる。

事件の真相

だが、いくら優れた経営者も年齢には勝てなかった。青木会長の年齢もすでに八〇代の入り口に差し掛かり、体力の衰《おとろ》えは激しく、体調を崩すことが多くなった。青木会長の仕事量が制限されるとともに、いつのまにか経営諮問委員会も開かれなくなっていった。会長の判断力は衰えていくのに、それを外部からチェックすることはできなくなってしまったのである。

そして二〇〇七年、青木会長は病で倒れた。青木会長が長期療養することになり、療養中は青木にかわって新理事長に抜擢された大本崇博が経営の陣頭指揮をとることになった。だが、これは形式的な権限委譲で、重要案件の最終的決断については青木会長の指示を仰ぐという院政が敷かれていたことは言うまでもない。

とはいえ、実際に指揮をとるのは、大本理事長である。皮肉なことに、大本が理事長に就任してから近産信の業績は伸びた。大本理事長が実質的に経営の指揮権を握った二〇〇八年から二〇〇九年にかけて日本経済は厳しい不況下に置かれていたが、近産信は組合員数を年間で一万人以上増やし、目標であった一〇万人に到達した。当期純利益も三二億円をたたきだし、対前年比二〇％の伸びを記録した。

二〇〇九年七月、退院した青木会長は近産信が開催した「お客様との〝絆〟交流会」に車椅子で登場し、招待した数百人の顧客たちの前に久しぶりに元気な姿を見せた。青木会長はそこで三〇分に亘る長い挨拶を行い、自分の力がまだまだ衰えていないことを参加者にアピールした。そして、近産信の最高責任者は大本理事長ではなく、自分であることを、改めて見せつけた。またその年の夏には、二〇一二年一二月に韓国で実施される大統領選挙に祖国の経済改革と在日コリアンの地位向上を掲げて出馬すると周囲に宣言し、関係者を驚かせた。

しかし、二〇一二年八月、再び体調を崩した青木会長は入退院を余儀なくされ、近産信の会合には欠席がちになり、会長としての指導力を発揮することはできなくなっていた。すでに大本新体制の下で近産信は一人歩きを始めていたのである。

その後、青木会長が復活することはなかった。体力の衰えとともに、病床の青木が考えたのは、後継者の問題だった。青木はある時期から、三男の義明に近産信の理事長を引き継がせたいと考えていた。自分がやれる間は義明を副理事長という立場で勉強させ、時期が来たらバトンタッチする。大本理事長は息子に引き継ぐためのリリーフでしかなかった。本来は、もう少し自分が頑張って、それなりの実績を積ませてから息子に引き継ぎたかったが、体力が衰えた青木会長にそれはかなわぬ夢だった。自分が権力を握っている間に息子に引き継がないと、権力委譲はうまくいかない。

青木会長が、大本理事長を解任し義明に理事長をバトンタッチさせる決意を固めたのは、二〇一三年四月にある人物から、近産信の一部の理事たちが、入院中の青木会長が亡くなれば、青木秀雄副会長と青木義明副理事長を解任し、近産信からエムケイ色をなくす計画をたてているという情報をつかんだときである。彼らがしかける前に理事長職を三男にバトンタッチしなければ、計画はおじゃんになる。自分たちの首がとられる前に相手の首をとらなければ。そんな思いが、青木会長の決断を急がせたと思われる。

二〇一三年五月の頭、大本理事長は他の役員三名とともに、青木会長が療養中の病室に呼び出された。そして会長から唐突にこう告げられた。

「大本君、長いことご苦労やった。よう頑張ってくれた。突然で申し訳ないが、大本君は理事長を降りなさい。代わりに義明を理事長に持ってくるから、心配せんでよろしい」

青木一族を近産信から追い出そうとしている理事たちも想定していなかった青木会長のすばやい反撃だった。一番ショックを受けたのは理事長の大本だった。大本は後日、青木一族排除の「謀議」に参加した事実はないと否定しているが、たとえその動きを黙認していたとしても、青木会長の今回の措置には承服しがたいものがあった。大本は青木会長が倒れたあと、理事長として近産信の陣頭指揮をとり、預金一兆円という目標に向かって頑張ってきた。五年間、過去最高益を達成し、悲願だった目標を前年の二〇一二年に達成したにもかかわらず、なぜ突然退任させられねばならないのか。

納得のいかなかった大本は身の潔白を訴え、何度も翻意を促したが、会長の決意は揺るがなかった。

追い込まれた大本理事長が反撃の烽火《のろし》をあげる決意を固めたのは、青木定雄会長の弟である青木秀雄副会長から再び辞任を突きつけられたときである。突然の理事長解任に納得がいかなかった大本は、副会長にも再考を懇願したが、彼の返答はそっけないものだった。

「君たちの私利私欲よりも近産信の利益、お客様の利益を考えれば、当然、あるべき道の一つや。会長の決めたことは絶対である」

このまま青木一族の思いどおりにさせていたら近産信は関西興銀と同じ途をたどる。そう考えた大本理事長は、反青木派の理事たちと密談を重ね、副会長や副理事長だけでなく青木会長自身を退陣に追い込むクーデターの準備を進めていった。

そして運命の日がやってきた。二〇一三年五月二一日、大阪市内の近産信本店で五月の定例理事会が開催された。理事一六名が出席した。理事会が始まると、大本理事長から突然、青木定雄会長、青木秀雄副会長、青木義明副理事長の解任・降格（代表理事から常勤理事への降格）を求める緊急動議が発動された。

理事会に出席した関係者の証言によると、大本理事長は、青木会長他三名の解任・降格の理由を次のように説明したと言われている。*8

「この一〇年間、車両運搬費、広告宣伝費等、外部委託業務の大半をエムケイグループ企業が独占し、累計で二五億円以上支払ってきました。青木会長、青木秀雄副会長の二人に対する役員報酬もこの間、一一億円以上に及んでいます。理事会で決まった青木会長への功労金七億円も、青木会長の命令でした。青木会長引退後も、青木親族とエムケイの利権を守らんがために、青木会長、青木秀雄副会長、青木義明副理事長の三人が共謀し、私（大本理事長）に辞任を迫り、後任理事長に三男の義明氏を指名することを決め、常勤役員、執行部のメンバーに無条件で従うよう命令が下されました。（中略）近産信は、多額の国民の血税、公的資金を投じて再出発した公共性の高い金融機関です。関西興銀の破綻原因が当時の経営者の独裁と世襲体制、いわゆる私物化であったことを考えれば、お客様のために二度も同じ轍を踏んではなりません。組合の健全な経営よりも青木一族、エムケイグループの利益を優先し、近産信を私物化する世襲の企ては断じて許せません。

＊8　近畿産業信用組合関係者からのヒアリング。詳しくは、『近畿産業信用組合理事会議事録』二〇一三年五月二一日、および一ノ宮美成・グループ・K21『京都の裏社会』宝島SUGOI文庫、二〇一六年

青木義明副理事長から、クーデターを仕掛けたのはそもそも理事長側であるという反論が出たが、賛成多数で決議された。親族以外の理事八名に加え、会長の親族一名も賛成に回り、動議は計九名の理事が賛成し、決議された。[*9]

あまりにもあっけない青木一族の解任劇だった。なぜ、近産信の理事たちは、同信組最大の功労者であった青木会長の解任に同意したのだろうか。近産信の経営陣は、再建に奮闘してきた青木定雄会長を中心に、会長の弟が副会長、三男が副理事長という具合に権力の中枢は常にロイヤルファミリー（青木一族）によって支配されてきた。そもそもこうした一族支配に対する理事たちの不満が今回の人事で爆発し、クーデターの引き金になったと考えられる。

その夜開かれた記者会見で、近産信は青木秀雄副会長を代表理事から常勤理事に降格させ、息子の青木義明副理事長を非常勤理事にしたと発表した。大本理事長は三名の解任・降格理由の背景として、青木会長のワンマン経営と一族支配・世襲制の弊害を力説した。そして「組合の健全な経営よりも青木一族、エムケイグループの利益を優先し、近産信を私物化する世襲の企ては断じて許さない」と激しい口調で述べ、事実上の青木会長との訣別《けつべつ》宣言を行った。[10]

二〇一三年六月三日に開かれた近産信の臨時総代会で、青木秀雄常勤理事を非常勤理事に降格させる議案が賛成多数で承認された。前会長・青木定雄の姿はそこにはなかった。

近産信の立ち上げから一二年、危機的状況にあった同信組を預金量で全国一位の信用組合にまで再建してきた青木定雄のバンカーとしての闘いは、自らが育てた弟子によるクーデターで、ついに終止符を打たざるをえなくなった。青木定雄、八四歳。それは闘い続けてきた経営者の最後を飾るにふさわしい舞台であったかどうかはわからないが、絶えず物議を醸《かも》してきた青木らしい終幕であった。

＊9　『統一日報』二〇一三年五月二九日
＊10　『産経新聞』二〇一三年五月二三日

エピローグ

二〇一一年三月二一日、元関西興銀会長で韓国の新韓銀行の名誉会長だった李熙健氏が大阪府内の病院で亡くなった。葬儀は近親者だけで行われた。享年、九三。実に山あり谷ありの波乱に満ちた人生だった。

とりわけ二〇〇〇年に関西興銀が破綻した後に、旧経営陣とともに背任容疑で逮捕されてからは試練の人生だった。

関西興銀が近畿財務局の金融検査を受けていた二〇〇〇年七月から経営破綻後の翌年二月にかけて、理事たちの多くは、所有する自宅の土地建物の所有権の一部を妻名義に変更していた。この事実が後に報道されると、李元会長ら旧経営陣たちは経営危機を認識しながら、組合員に追加の出資を要請する一方で、差し押さえ逃れを行っていたのではないかと、激しい批判をあびた。

また李熙健元会長ら旧経営陣は、九七年に李元会長自らが会長を務めていたゴルフ場経営会社・コマ開発に、破綻していることを知りながら、関西興銀から無担保で五五億円、韓国の新韓銀行から六五億円を融資していたことも判明した。この事件以来、李元会長は、日本社会のみならず、韓国社会からもバッシングを受けるようになった。

不正融資の舞台となったゴルフ場「コマカントリークラブ」は、奈良県月ヶ瀬（現・奈良市月ヶ瀬石打）に二年の歳月を費やして、一九八〇年に設立された。名プロゴルファーと言われたゲイリー・プレイヤーに設計を依頼し、話題になった。総面積一四〇万平方メートルの恵まれた地形に展開する二七ホールの雄大なコースは、李元会長をはじめとする在日コリアン一世のさまざまな思いがつまったゴルフ場でもある。

「外国籍の方はお断りします」「日本名なら結構ですが、韓国名では困ります」こんなことを言われて、ゴルフクラブへの入会を諦めた在日コリアンは少なくない。本名の韓国名を名乗っている在日コリアンの多くは、今でも名門クラブへの入会を拒否されているという。

在日韓国商工会議所は、こうした差別の実態を世間に知ってもらうため、一九九五年一〇月、日本の大手新聞に「入会するのに問われるべきは国籍ですか、人柄です

資料９の１　新聞に掲載されたゴルフクラブ会員の国籍条項の問題性を問う意見広告

か。」という意見広告を出したほどである（資料９の１）。李熙健元会長がゴルフ場の建設に執念を燃やした背景には、こうした深刻な民族差別があった。

だが、「コースを増設し、一流のゴルフ場にしなければならない」という李元会長の貪欲さが、結果的にゴルフ場の経営を圧迫し、自らの首を絞めることになった。皮肉にも李元会長が逮捕されたのは、「日本プロゴルフ選手権をここで開催したい」という夢が実現した二〇〇二年五月を目の前にしてのことだった。

それからほぼ一〇年後の二〇一二年三月二一日、コマカントリークラブに隣接して建てられた李熙健氏のお墓で、一周忌を迎える「偲ぶ会」がひっそりと開かれた。李氏の功績を称える顕彰碑の除幕式も行われたが、参列者は旧関西興銀と新韓銀行関係者を中心に一〇〇名足らず。在日経済を牽引してきたドンの一周忌にしては寂しすぎる会であったが、参加した元関西興銀のKさんが最後につぶやいた言葉が妙に耳に残っている。

「李熙健は関西興銀つぶしたけど、韓国に新韓銀行を、日本に名門ゴルフクラブを残した。たいした人物や」

話は前後するが、李熙健氏がつぶした関西興銀の「受け皿」機関として「ドラゴン銀行」を作ろうとして挫折したマルハンの韓昌祐会長と京都の料亭で会食する機会があった。二〇〇六年六月のことである。そのとき、私はどうしても聞いてみたいことがあった。

「ドラゴン銀行が駄目になったことについて、どう思っているか」である。韓会長の回答は意外なものであった。

朴　近畿産業信用組合に入札で負けたとき、激怒されていたと聞きましたが、今、振り返って、あのときの挫折をどう受け止めておられますか。

韓　今、冷静に振り返ってみると、ドラゴン銀行が設立されていなくてラッキーだったと思う。

朴　えっ、ラッキーって、どういう意味ですか。

韓　仮に僕がドラゴン銀行の会長に就任していたら、民族系の銀行だから、当然、在日同胞社会のパチンコ企業がお金を借りに来るだろう。そのパチンコ企業はその金でかならずどこかに出店する。もしも出店した先の隣にマルハンの店舗があると競争相手になる。うちは営業力があるから、本気で勝負すればマルハンが勝つと僕は信じている。そうなると相手が敗れて、ドラゴン銀行からの借金が焦げついてしまう。そんなことを考えて、僕がドラゴン銀行の会長をしていると、気兼ねして全国にマルハンの店舗を拡大することもできなかっただろう。そう考えてみると、非常に幸運だったと思う。

二〇〇八年、韓昌祐はアジア最貧国のカンボジアで現地の商業銀行を三億円で買収し、マルハン・ジャパン銀行（現在はカタパナ銀行）を設立、念願だった金融機関の設立という夢を異国で実現させた。確かに韓会長の言うように、日本国内で、大きな同胞企業のオーナーが、民族金融機関のトップにつくというのは難しいかもしれない。金融機関ならば、トップの影響下にある親族企業のライバルにあたる企業にも融資をしなければならないときもある。その融資でライバル企業が発展すると、自分が育てた企業に不利益が出る可能性もある。逆に自分の親族企業のせいで、融資をしたライバル企業の経営が悪化すると、民族金融機関の経営も行き詰まるという可能性もある。

さらに民族金融機関が、オーナーの関係者が経営する親族企業に融資する場合や、金融機関のトップをオーナーの親族に世襲させる場合など、公的資金が投入された金融機関ほど、世間の批判にさらされる可能性は高い。企業や銀行のコンプライアンスが重視されている今日では尚更である。

このような同胞企業のオーナーから民族金融機関トップへの転身の難しさを改めて

浮き彫りにしたのが、近産信のケースであったと言えるだろう。青木定雄会長が息子の義明氏に権力を委譲しようとした行為そのものが問題になるとは思われない。日韓の一部の財閥企業などで見られるように、経営トップの人事が世襲的に行われてもうまくいくケースもあるからだ。

ただ、それは会長の子や孫であっても、その人物に充分な経営者としての能力があり、取締役会議のメンバーの合意形成の結果として推挙された場合である。いくら創業者に力があるといっても、幹部や部下たちから支持されない同族経営はかならず矛盾を露呈することになる。

また仮に子に経営能力が備わっていたとしても、ファミリービジネスがうまく機能するとはかぎらない。創業者に子どもが多ければなおさらである。長男に日本法人、次男に韓国法人の経営を任せるという日韓双頭体制を続けてきたロッテグループも、創業者である重光武雄（韓国名・辛格浩）が体調を崩してから、長男と次男の後継者争いが激化し、韓国世論の財閥批判を高める「御家騒動」にまで発展した。*1

韓国国内と同じように、「血と骨」が重視されてきた血縁重視の在日社会が、ファミリービジネスや在日のネットワークビジネスから転換できる日は来るのだろうか。

日本が外国籍の人々を排除する閉鎖社会である限り、民族金融機関を通じた在日のネットワークビジネスは有効かもしれない。しかし、皮肉な言い方をすれば、民族金融機関が日本の差別社会から生み落とされた徒花《あだばな》なら、民族金融機関の歴史的な役割はそろそろ終焉を迎える時期に差し掛かっているのかもしれない。

これから在日コリアンの金融機関が生き残れるとしたら、そうした金融機関が日本人にとってモルガン・スタンレーやメリルリンチのような民族の紐帯を超えた国際金融機関に生まれかわるときだろう。グローバリズムの日本経済への浸透は、日本人のレイシズム（民族差別）を温存するほど甘くはない。そうした意味で、民族金融機関の生き残りを懸けた本当の闘いは、これから始まるのかもしれない。

＊1　ロッテは在日韓国人一世の重光武雄（韓国名・辛格浩）が日本で創業し、菓子メーカーとして発展。一九六七年には韓国にも進出し、売上高で日本ロッテの一〇倍以上を記録する大手財閥に成長した。

その後、日韓両国で経営を展開してきたロッテは、これまで創業者である重光武雄の長男の重光宏之（韓国名・辛東柱）が日本の事業、次男の昭夫（韓国名・辛東彬）が韓国の事業と役割を分担し、経営を続けてきた。

しかし、二〇一五年一月、長男の宏之が日本の持株会社であるロッテホールディングスの取締役から解任され、同年七月には次男の昭夫がロッテホールディングスの代表取締役副会長に選任されたことで、ロッテグループ全体の後継者に確定したと見られていた。

ところが、長男の宏之が巻き返しに出て、同年七月末に父の武雄と東京のロッテホールディングス本社を訪れ、次男の昭夫を含む六名の取締役の「解任」を発表した。これに対し、昭夫側は取締役会で、代表取締役会長である父・武雄から代表権を外し、取締役名誉会長とする人事を決議した。韓国の多くのマスコミは「泥沼化した兄弟間の後継者争いはロッテの企業イメージを損なった」と報道し、同グループの同族経営を批判してきた。

「御家騒動」が続くなか、二〇一六年九月、ソウル中央地方検察庁は、ロッテグループの会長である昭夫を横領や背任の疑いで事情聴取した。そして同年一〇月、ソウル地検はグループ創業者の武雄、次男でグループ会長を務める昭夫を横領や脱税などの罪で在宅起訴し、「企業の私物化」と断定した。ソウル地検の当初の狙いは、第二ロッテワールドの許認可をめぐる政界工作で、ロッテ側からの裏金が李明博政権幹部に流れた可能性を探ることであったが、証拠不十分なため、裏金疑惑については起訴内容に含まれなかったと報道されている。そのため、地検側は、創業者の武雄から経営権が昭夫に移る過程で家族に巨額の「給与」を支払うなどして約五〇〇億ウォンを横領した（「企業を私物化した」）ことに焦点をあてて捜査が行われてきた。

だが、本当の狙いは、日本のロッテホールディングスが創業者一族と系列企業間で韓国ロッテの大株主になっているというロッテの不透明な経営にメスを入れることであったと思われる。実際、昭夫は今回の拘束という最悪の事態を免れる交換条件として、韓国側の中核企業である「ホテルロッテ」を上場させ、日本側からの出資比率を引き下げていく方針を決定した。朴槿恵政権は、「企業を私物化」し、韓国で儲けた金を日本に還流させていると非難されてきたロッテ財閥を牽制することで、政権の「経済民主化」姿勢をアピールしたかったのかもしれないが、在日コリアンにはしっくりこない政府・検察の対応であった。

新韓銀行と同じように、日本に出自を持つ在日企業が韓国で事業を展開するうえで一番難しいことは、「日本企業か、それとも韓国企業か」というナショナリズムの攻撃にさらされたとき、どのような立場をとるかという問題かもしれない。

あとがき

本書は在日コリアンによる金融機関の設立・拡大・破綻・再編をめぐる闘いの記録である。なぜ、日本に在日コリアンの金融機関が必要だったのか。なぜ、在日コリアンの金融機関は次々と破綻していったのか。にもかかわらず、なぜ、在日コリアンはまた新しい金融機関をつくろうとするのか。

民族金融機関は、民族学校とならんで、在日コリアンの歴史を考える上で重要なテーマであるが、その設立背景は、単なる愛国心やナショナリズムで説明できる代物ではない。そこには、日韓の狭間、さらに日本社会の底辺層に置かれてきた在日コリアンのどろどろした政治的・経済的利害が潜んでいる。本書は、在日コリアンの金融機関という夢を実現しようとした三人の実業家に光をあてて、その葛藤の歴史の断面を描いたものである。

韓国人は日本人以上に、職業に対する優越感と劣等感が強い民族である。地方の名門高校を卒業し、ソウル大学・高麗大学・延世大学などソウルの有名大学に入って、難関の試験を突破した官僚や弁護士、大学教授や医者、サムスンや現代グループなどの有名企業や大手都市銀行などに就職できたごく少数のエリートたちは、社会から尊敬され、生涯高収入を保障される。

一方、食堂経営者や料理人、大工や職人などは、それなりの経済的報酬を受けていても、あまり尊敬されない職業人である。日本では、一〇〇年以上続いた伝統あるお店の和菓子職人などは尊敬されるが、韓国ではそうではない。

昔、日本を訪れた韓国の大学教授を京都の老舗の和菓子店に案内したところ、その教授は私にこう言った。

「なんで、ここのご主人は息子をもっとましな職業につかせないのかね。一〇〇年もこんな仕事を続けているなんて、信じられない」

韓国をルーツに持つ在日コリアンの職業に対する劣等感も、それに似たところがある。小さな食堂や零細企業で汗を流してお金をためた一世は、そうした職業からの脱出を息子に託して、いい学校に入れ、いい企業に就職させようとがんばった。

しかし、二世たちは依然として厳しい就職差別にさらされ続けた。そんな彼らは、パチンコ店、タクシー、焼肉店、サラ金、ファッションホテルなどのニッチな分野で、競争力のある企業を育てあげ、それなりの大金持ちになった。だが、どれだけお金を儲けても、彼らが自分たちの職業に誇りを持つことはなかった。

在日コリアンが自分たちの手で金融機関を作ろうとしたのは、日本の金融機関が相手にしてくれなかった差別的な社会への反発もあるが、そこには一種、銀行というエレガントな職業に対する憧憬があったことは間違いない。

しかし、重要なことは、そうした在日の金融機関も結局のところパチンコ店、タクシー、焼肉店、サラ金、ファッションホテルから集めた在日マネーで成り立っていたという事実である。在日の信用組合と在日マネーは、そうした意味で、まさに在日経済の光と影であった。

とはいえ、在日コリアンの民族金融機関は、本書が考察の対象とした大阪興銀（関西興銀）をはじめとする韓国・民団寄りの信用組合だけではない。本書の冒頭で少しだけ取り上げた北朝鮮・朝鮮総連寄りの民族金融機関が存在する。代表格は戦後、全国に設置された朝銀であるが、その設立・拡大・破綻・再編のプロセスは、韓国系の民族金融機関以上にどろどろしたものである。というのも、韓国系の民族金融機関以上に北朝鮮政府や朝鮮総連と深い癒着関係が形成されてきたからである。筆者の体力と力量不足から、今回はこうした北朝鮮系の民族金融機関については考察できなかったが、また適切な時期がきたら、挑戦してみたいテーマである。

本書の執筆にあたって、講談社の木原進治さんにたいへんお世話になった。彼とは、今から一八年前、雑誌『フライデー』の仕事で、本書に登場する料亭「大和屋」に一緒に取材に行って以来の不思議な縁である。関西興銀の「大和屋」での接待疑惑について調べているので手伝ってほしいといわれたのが、彼との出会いであった。

当時、彼はフライデー編集部のスタッフで、「大和屋」のある芸者へのインタビューを希望していたが、紹介状がない一見さんはこの由緒ある料亭を利用することはできない。困り果てた彼は、大学教授なら利用できるという噂を聞き、私に近づいたという訳である。このいかがわしい出会いがなければ、本書を書くきっかけも生まれていなかっただけに、彼との出会いには不思議な運命さえ感じる。

その後、彼との協同作業が続き、これまで『「在日コリアン」ってなんでんねん?』

（二〇〇五年）、『僕たちのヒーローはみんな在日だった』（二〇一一年、二〇一六年文庫化）、『日本人と韓国人　「タテマエ」と「ホンネ」』（二〇一二年）という三冊の本を講談社から出版させていただいた。『日本人と韓国人　「タテマエ」と「ホンネ」』は韓国で翻訳され、『僕たちのヒーローはみんな在日だった』は版を重ね、累計四・五万部のロングセラーになった。本は出版しても、読まれなければ意味がないだけに、ありがたい話である。

実質的な私の論壇デビュー作品であった『〈在日〉という生き方』（講談社選書メチエ、一九九九年）も彼の紹介がなければ、陽の目を見ることはなかっただけに、彼への感謝の気持ちは言葉で言い尽くせない。いつも遅筆の私を居酒屋で励ましてくれた木原さんの友情に改めて感謝したい。また木原さんの後任として原稿を引き継ぎ、辛抱強く本書を完成まで見守ってくれた青山遊さん、鈴木崇之さんにお礼を申し上げたい。お二人の尽力がなければ、出版事情が厳しい今日、本書は陽の目を見なかったと思う。感謝ハムニダ。

最後に本書を、李煕健（故人）、徐甲虎（故人）、韓昌祐、青木定雄（兪奉植）、私が尊敬する偉大な在日社会の先駆者たちに捧げたい。

二〇一七年一月

朴一

解説

野村進（ノンフィクション作家・
拓殖大学国際学部教授）

最近、カンボジアの首都プノンペンを訪ねると、〝場違い〟とも思える名前をしばしば耳にする。

「マルハン」

あの「日本一のパチンコ・チェーン」として知られるアミューズメント企業の名前である。

私がよく話をする相手は日本通のカンボジア人や日本語を学ぶ学生たちなので、彼らだけのあいだで有名なのかと思ったら、そうではないという。

「プノンペンではみんなけっこう知ってますよ」

と、つい先日会ったカンボジア人の女性通訳も言っていた。

「『マルハン・バンク』(正式名は「マルハン・ジャパン・バンク」)でしょう。プノンペンではけっこう有名ですよ」

彼女は「けっこう」という言葉を何度も使って、そう強調する。マルハンは日本では「銀行」の業務はしていないのだが、と説明すると、まだ日本には行ったことがないという彼女は大きくうなずいて、

「それ(ほかの日本人から)聞いて、びっくりしました。『パチンコ』でしょう。わたし、パチンコを見たことないから、どういうものかわからないです。でも、マルハンはカンボジア人には『バンク』ですよ」

と、大きな目をいっそう見開いて言うのだった。

実のところ、マルハン・ジャパン・バンクは二〇一六年四月に現地の銀行と合併して、「マルハン」の文字をはずしているのだが、カンボジアで二番目に大きな銀行を経営しているのがマルハン傘下の企業である点に変わりはない。

本書を読めば、だが、

「へぇ〜、マルハンはカンボジアじゃ銀行なんだ」

といった、おざなりな感想だけでは済まなくなるであろう。在日コリアンたちの長年の夢が、東南アジアの異郷で、本来の理想とは違う形かもしれないが、ひとつの実を結んでいる現実に、誰しもがある種の感慨を抱くのではないか。

私は一九九六年に刊行した『コリアン世界の旅』（講談社）というノンフィクションの取材で、本書の主人公のひとりでもあるマルハン創業者の韓昌祐にたびたびインタビューしている。実際の取材はいまから二十年以上も前のことで、当時の韓の口からは、銀行業への進出の夢は聞かれなかった。

日本の金融機関が在日コリアンにはなかなか融資してくれないといった話題も出なかったと記憶している。そんなことは、こちらからわざわざ聞くまでもない話だったからだ。韓もたぶん言うまでもないと考えていたのであろう。それが暗黙の了解として通るくらい、在日に対する民族差別は金融の世界でも横行していたのである。

「東大を出ても、在日は日本の会社に就職できない」

少なくとも一九七〇年代までは、こんな言葉が決して誇張ではないほどの就職差別が厳然として存在した。

日本の会社は在日を採用しないし、それならと起業を思い立っても、日本の銀行や信用組合は在日に金を貸さない。こうした背景から、本書にもあるとおり、〈大阪興銀が取引する在日コリアンの商店や企業には、焼肉店、パチンコ、ファッションホテル、モーテル、ソープランド、サラ金など、当時の日本の金融機関が相手にしないアンダーグラウンド・ビジネスが多かった〉という状況に立ち至るのである。文中の「大阪興銀」は、本書で詳述されているように、戦争直後の〝焼跡闇市〟の時代に身を起こした実業家の李熙健らが結成し、のちに日本有数の規模をほこる信用組合にまで成長させた在日系の金融機関である。

いま引用した箇所を読んでいて、私は先日、たまたまブルーレイで見返した日本映画のことを思い起こしていた。大阪興銀が当時のバブル景気に乗って絶頂をきわめようとしていた時期にあたる一九八七年に、伊丹十三監督が大ヒットさせた『マルサの女』という映画である。〝マルサ〟こと国税局査察部の査察官と脱税者との攻防を描いたこの作品の隠れたテーマは、「在日」にほかならなかったと私はみている。

例えば、査察官役の宮本信子に追及され、公衆の面前で派手にうそ泣きをして窮地を脱するのは、伊東四朗演じるパ、チ、ン、コ、店のオーナーであった。舞踏家のギリヤーク尼ヶ崎が怪演する、サ、ラ、金と同業の金貸しの使者も亡霊のように現れる。そして、査察部が総力をあげて追いつめる〝脱税王〟役の山崎努は、関東一円でファッションホテルやモーテルを手広く経営しており、役名は「権藤」と設定されている。明らかに民族名の「権」を暗示するネーミングである。

そもそも山崎努が一躍脚光を浴びた映画の役柄は、黒澤明監督の『天国と地獄』での冷酷な誘拐犯役だが、彼が身代金を脅しとろうとする三船敏郎演じる叩き上げの製靴会社重役の名前も、やはり「権藤」なのであった。被差別部落民と並んで、皮革関係の仕事に従事する在日は多い。生前、社会問題への幅広い目配りと用意周到な取材でも知られた伊丹監督が、こういった繋《つな》がりを意識しなかったわけがないと私は思う。

かくのごとく、日本人のようなマジョリティには見過ごされてしまいがちだが、在日のようなマイノリティにはまっすぐに伝わる表現を「シークレット・メッセージ」という。本書で、大阪興銀の外回りの職員たちが、家の表札を一瞥《いちべつ》しただけで、家主は在日と見当をつけ、すぐさま勧誘していく作業を述べた次の文章など、その典型例であろう。

〈こうした作業を行うには、日本名で書かれた通名を見ただけで在日コリアンとわかる在日特有の感覚が必要である。例えば、表札に「金本」と書かれてあれば「金」さん、「新井」と書かれてあれば「朴」さん、「伊原」と書かれてあれば「尹」さん、「張本」と書かれてあれば「張」さん、「梁本」と書かれてあれば「梁」さんと直感でわかる能力である〉

これらの名前から、おそらく在日の大半は、プロ野球で現在活躍中の監督や選手や解説者の顔を、たちどころに思い浮かべるはずだ。本書にはまた、前述した李煕健の親友として、金基淑という柔道場主が登場し、〈歌手の和田アキ子の実の父である〉と明記されている。こちらはシークレットでなく、ストレートなメッセージである。

李煕健や韓昌祐のほかに、西日本最大の紡績会社をおこし、〝長者番付〟の常連だった徐甲虎や、タクシー業界の運賃自由化で名を馳せたエムケイタクシーの青木定雄らが、本書の中心人物となっている。いずれ劣らぬバイタリティーの固まりぞろいで、未開の荒野を切り開くように各業界を一変させ、見事《みごと》頂点に立つ。

彼らのあふれんばかりの情熱はさらに、新たな金融機関の設立による、在日社会や祖国・韓国への貢献に向けられるのだが、きわめて複雑に入り組んだ諸々の要因から、志なかばでことごとく挫折していく。その興亡盛衰の群像劇は、あえて誤解を恐れずに言えば、痛ましくも雄々しい。

とりわけ、会長をつとめる近畿産業信用組合を総預金量全国一の信組に押し上げた青木定雄が、著者の、一般紙に掲載された批判的なコメントに対してすかさずとった行動とその後の経緯は、実に驚くべきものだ。あたかも在日一世の〝祖父〟と三世の〝孫〟との魂のぶつかり合いを目の当たりにするかのようで、私は強く胸を打たれた。

断言してもよいが、本書は、しりあがりに面白くなる。著者の長年の定点観測と当事者たちへの丁寧な聞き取り調査が、それをたしかに裏打ちしているのである。

（文中敬称略）

在日コリアンによる金融機関設立の歴史年表

一九四九　在日朝鮮人商工会が東京朝鮮人商工信用組合を設立する嘆願書を大蔵省銀行局へ提出するが、日本政府は難色を示す。

一九五〇　衆議院大蔵委員会が、在日コリアンが設立した信用組合も法律の基準に従って許認可するという方針を表明。

一九五一　朝鮮総連系の在日コリアンは「関東信用組合」の設立申請書を、民団系の在日コリアンは「経友信用組合」の設立申請書を、それぞれ大蔵省に提出。だが、大蔵省は申請を却下。
信用組合制度が改正され、監督官庁が大蔵省から都道府県に移管される。東京都は在日コリアンの商工人に民団と朝鮮総連が申請を一本化すれば設立を認可すると発表。

一九五二　在日コリアン商工人は南北合同の「同和信用組合」を設立。
朝鮮総連系の在日コリアン商工人を中心に川崎に「大同信用組合」、神戸に「共和信用組合」が設立される。

一九五三　韓国の李承晩大統領、在日コリアンの中小企業育成基金として二〇〇万ドルの送金を準備すると発表。
大阪では繊維卸売業者を中心に日韓中小企業者の自衛と共存共栄を目的に、民団系の在日コリアン商工人が「大阪商銀」を設立。
朝鮮総連系の在日コリアンも水戸に「朝銀茨城」、名古屋に「大栄信用組合」、福岡に「朝銀福岡」を設立。

一九五四　同和信用組合から離脱した関東の民団系グループは、新たに「漢城信用組合」を設立。
民団系の在日コリアンは京都に「京都実業信用組合」、名古屋に「愛知商銀」を設立。

一九五五　民団大阪本部で新信組の創立総会が開催され、「在日韓国人による在日韓国人のための金融機関」として「大阪興銀」が設立される。理事長に朴勝完が就任。
民団系の在日コリアン商工人は、神戸に「太平信用組合」、熊本に「熊本商銀」、桑名に「三重商銀」を設立。

一九五六　大阪興銀の第一回総会が開催され、新理事長に李熙健が就任。
民団系の信用組合関係者が「在日韓国人信用組合協会」を設立。会長に大阪商銀理事長の朴漢植、副会長に李熙健が就任。同協会は韓国政府に対し在日の信用組合への融資、早期実現を呼び掛ける。

一九六〇 韓国政府から「同胞（在日コリアン）中小零細企業育成基金」の一部である五〇万ドルが在日信組に送金される。

一九六一 韓国政府から同基金の残金一五〇万ドルが在日信組に送金される。

一九六八 大阪興銀が総預金一〇〇億円を達成。同年から総預金一〇〇〇億円を目指す預金増強運動が始まる。

一九七七 在日コリアン企業七四社が集まり、社団法人「在日韓国人本国投資協会」が設立される。在日コリアンが本国に「第一投資金融株式会社」（代表理事・李熙健）を設立。

一九七八 大阪興銀が総預金一〇〇〇億円を達成。「レインボー運動」を展開。

一九七九 在日韓国人本国投資協会が、韓国の都市銀行買収案を発表。

一九八〇 民団が韓国政府に「僑民銀行設立に関する請願書」を提出。

一九八一 李熙健を中心に「（本国）銀行設立準備委員会」が設立され、韓国財務部に「僑民銀行設立請願書」を提出。在日コリアン商工人も僑民銀行設立のための発起人大会を開催。

一九八二	在日コリアンの念願だった僑民銀行「新韓銀行」がソウルにオープンする。
一九八三	大阪興銀本店内に新韓銀行の大阪事務所開設。在日コリアンに本国投資の情報を提供。
一九九二	新韓銀行が純利益部門において韓国内の銀行第一位になる。
一九九三	大阪興銀が京阪神の在日韓国系の信用組合である神戸商銀、滋賀商銀、和歌山商銀、奈良商銀を吸収・合併し、名称を「関西興銀」に改める。李熙健の後を継いで理事長に就任した李勝載は「五信組合併後、一年を目処に普通銀行に転換させる」という構想を発表。
一九九五	関西興銀、経営危機に陥っていた在日韓国系の信用組合・岐阜商銀を救済合併。
一九九七	在日韓国人信用組合協会は傘下の三四の在日信組を関東・近畿など六つのブロックに分け、統合していく方針を発表。
一九九八	福岡商銀に続き、大阪商銀が破綻。同信組の取引先を中心に「商銀を支援する会」が発足。
一九九九	東京商銀の金聖中を中心に新銀行の名称を「韓日銀行」とし、「新銀行の設立を支援する会」が結成される。 在日韓国人信用組合協会が、大阪商銀の受け皿は関西興銀を含めた関西地域の信

用組合が望ましいという要望書を金融管財人に提出。

高知商銀が破綻。

二〇〇〇
李熙健は、在日韓国人信用組合協会傘下にある二九の在日韓国系信組を一つの銀行に統合する新銀行構想を発表。新銀行名は「韓信銀行」に。

東京商銀を中心とする「韓日銀行」グループは、東京で新銀行設立発起人大会を開催。東京商銀の金聖中理事長は、東京商銀と新銀行を合併させる構想を発表。

東京商銀、関西興銀がともに破綻。「韓日銀行」「韓信銀行」構想はともに頓挫する。その他、三重商銀、新潟商銀、石川商銀も破綻。

京都シティ信用組合の再建を任されたエムケイタクシーの青木定雄会長が、経営破綻した大阪商銀の救済に乗り出す。

二〇〇一
エムケイタクシーの青木定雄会長が、京都シティ信用組合と大阪商銀を統合し、近畿産業信用組合として再スタートを切る。
マルハングループの韓昌祐会長の呼び掛けで、在日コリアンによる新銀行設立に向けた第一回発起人会が開催される。新銀行名は「ドラゴン銀行」とし、同銀行が破綻した関西興銀、東京商銀、京都商銀、福岡商銀の四信組を引き継ぐと発表。

近畿産業信用組合の青木定雄会長も、同信組が関西興銀と京都商銀の受け皿になると発表。

関西興銀など破綻した在日四信組の受け皿をめぐって、「ドラゴン銀行」と近畿産業信用組合が競争入札。入札結果は、ドラゴン銀行の一三八二億円に対し近畿産業信用組合は一四八二億円。近畿産業信用組合が関西興銀と京都商銀の受け皿になる権利を落札する。

二〇〇五　近畿産業信用組合が総預金五〇〇〇億円を達成。三二の支店すべてが黒字化し、三月期決算の当期純利益は五四億円、組合員数六万一八四〇人で大阪府下の信用組合中、トップになる。

プロ野球球団・近鉄バファローズの解散を受けて、近畿産業信用組合の青木定雄会長は、マスコミに新球団創設の意欲を語るが、実現せず。

二〇〇七　近畿産業信用組合の青木定雄会長が病に倒れ、長期療養に入る。青木会長に代わり、大本崇博が理事長に就任。

二〇〇八　近畿産業信用組合の青木定雄会長が経営不振に苦しむ新銀行東京への支援を打ち出すが、実現せず。

二〇一三　近畿産業信用組合が総預金量一兆二〇五四億円で全国の信用組合中、トップになる。

近畿産業信用組合の理事会で青木定雄会長、青木秀雄副会長、青木義明副理事長の解任・降格人事が提起され、賛成多数で決議される。

参考文献一覧

■論文・雑誌記事・単行本

安藤昇『やくざと抗争②〈疾風篇〉』徳間書店、一九七二年
一ノ宮美成・グループ・K21『京都の裏社会』宝島SUGOI文庫、二〇一六
猪野健治「第三国人日本の全都市を制す」『宝石』一九六六年一月号
岩村登志夫『在日朝鮮人と日本労働者階級』校倉書房、一九七二年
上田正昭監修『ニッポン猪飼野ものがたり』批評社、二〇一一年
奥野倫充『マルハンはなぜ、トップ企業になったか?』ビジネス社、二〇〇六年
小此木政夫監修『在日朝鮮人はなぜ帰国したのか——在日と北朝鮮50年』現代人文社、二〇〇四年
小熊英二・姜尚中編『在日一世の記憶』集英社新書、二〇〇八年
加藤勝美『MK青木定雄のタクシー革命』東洋経済新報社、一九九四年
加藤勝美『MKの奇蹟 タクシー業界の革命児青木定雄・人間改革への挑戦』ジャテック出版、一九八五年

河明生『マイノリティの起業家精神——在日韓人事例研究』ITA、二〇〇三年
菊池嘉晃『北朝鮮帰国事業「壮大な拉致」か「追放」か』中公新書、二〇〇九年
金相賢『在日韓国人 僑胞八十年史』語文閣（韓国語）一九六九年
金賛汀『異邦人は君ヶ代丸に乗って——朝鮮人街猪飼野の形成史』岩波新書、一九八五年
金賛汀『在日コリアン百年史』三五館、一九九七年
金賛汀『韓国併合百年と「在日」』新潮選書、二〇一〇年
金賛汀『朝鮮総連』新潮新書、二〇〇四年
呉圭祥『在日朝鮮人企業活動形成史』雄山閣、一九九二年
高祐二『在日コリアンの戦後史』明石書店、二〇一四年
高賛侑『コリアタウンに生きる』エンタイトル出版、二〇〇七年
小板橋二郎『コリアン商法の奇跡』こう書房、一九八五年
小林靖彦『在日コリアン・パワー』双葉社、一九八八年
佐野眞一『あんぽん 孫正義伝』小学館、二〇一二年
杉原達『越境する民——近代大阪の朝鮮人史研究』新幹社、一九九八年
杉原薫・玉井金吾編『大正・大阪・スラム』新評論、一九八六年
鈴木琢磨『金正日と高英姫』イースト・プレス、二〇〇五年

橘木俊詔・森剛志『日本のお金持ち研究』日経ビジネス人文庫、二〇〇八年
チェ・ソンシク他『在日コリアンの経済活動』ジンムンダン（韓国語）、二〇〇五年
チェ・ソンシク他『在日コリアン企業のネットワーク』ブックコリア（韓国語）、二〇〇七年
崔季煥他『人が動く　MKタクシー青木定雄の成功哲学』西日本法規出版、二〇〇四年
曺智鉉『猪飼野』新幹社、二〇〇三年
丁東日『韓国の銀行を変えた新韓銀行方式』キムヨンサ、二〇〇五年
テッサ・モーリス・スズキ『北朝鮮へのエクソダス「帰国事業」の影をたどる』朝日新聞社、二〇〇七年
トマ・ピケティ著（山形浩生他訳）『21世紀の資本』みすず書房、二〇一四年
永野慎一郎編『韓国の経済発展と在日韓国企業人の役割』岩波書店、二〇一〇年
中村元一他『ハイ、MKタクシーの青木定雄です』ダイヤモンド社、二〇〇四年
七尾和晃『闇市の帝王』草思社文庫、二〇一一年
野村進「現代の肖像　孫正義」『AERA』一九九〇年一一月一三日号
野村進『コリアン世界の旅』講談社、一九九六年
韓載香『「在日企業」の産業経済史』名古屋大学出版会、二〇一〇年

韓昌祐『わが半生　夢とロマンと希望を胸に』マルハン、二〇〇七年
韓昌祐「企業の道徳と倫理」大東文化大学経済研究所『経済研究』第二三号、二〇一〇年
間部洋一『日本経済をゆさぶる在日韓商パワー』徳間書店、一九八八年
樋口直人編『日本のエスニック・ビジネス』世界思想社、二〇一二年
深川由起子『韓国――ある産業発展の軌跡』日本貿易振興会、一九八九年
藤田綾子『大阪「鶴橋」物語』現代書館、二〇〇五年
朴一『〈在日〉という生き方』講談社選書メチエ、一九九九年
朴一「解放後の大阪における韓人マーケットの形成と民族金融機関の役割」国際高麗学会編『コリアン・スタディーズ』第二号、二〇一四年
朴憲行『軌跡　ある在日一世の光と影』批評社、一九九〇年
朴順兆『韓国・日本・大村収容所』JDC、一九八二年
前川恵司「〈在日〉の英雄　ロッテ重光武雄伝」『文藝春秋ノンフィクション』一九八七年
前田裕之『激震　関西金融』日本経済新聞社、二〇〇一年
松木義和「ついに破綻した関西興銀」『財界別冊』二〇〇一年五月号
閔寛植『在日韓国人の現状と未来』白帝社、一九九四年
森功『許永中　日本の闇を背負い続けた男』講談社、二〇〇八年

森功他『戦後日本の闇を動かした「在日人脈」』宝島SUGOI文庫、二〇一三年
森田芳夫『数字が語る在日韓国・朝鮮人の歴史』明石書店、一九九六年
山本幸子「コリアン商法は世界を制す」『宝石』一九八四年一〇月号
山平重樹『実録　神戸芸能社』双葉社、二〇〇九年
山喜勉『私の社会観』(自費出版)一九九四年
梁京姫「在日韓国人企業家が韓国の金融業界に及ぼした影響――新韓銀行を中心に」『現代韓国朝鮮研究』第九号、二〇〇九年
梁永厚『戦後・大阪の朝鮮人運動　1945〜1965』未来社、一九九四年
吉澤文寿『日韓会談1965』高文研、二〇一五年
李瑜煥『在日韓国人五十年史』新樹物産出版部、一九六〇年
李瑜煥『在日韓国人60万』洋々社、一九七一年
李洙任編著『在日コリアンの経済活動』不二出版、二〇一二年
李ミンホ『民団は大韓民国と一つです』民団中央本部(韓国語)二〇一四年
ロバート・ホワイティング『東京アンダーワールド』角川書店、二〇〇〇年
『歴史教科書　在日コリアンの歴史』明石書店、二〇一三年
『民族と経営理念　朝鮮人企業家の群像1』朝鮮商工新聞社、一九八六年

■社史・事典

『大阪興銀三十年史』一九八七年
『大阪韓国人百年史　民団大阪60年の歩み』民団大阪府地方本部、二〇〇六年
『大阪商銀35年のあゆみ』一九八九年
『韓商連30年史』在日韓国人商工会連合会、一九九二年
『現代韓国人名録』日外アソシエーツ、一九九三年
『現代日本　朝日人物事典』朝日新聞社、一九九〇年
国際高麗学会編『在日コリアン辞典』明石書店、二〇一〇年
『日韓新時代の顔』国際日報社、一九六八年
『民團50年史』在日本大韓民国民團中央本部、一九九七年

帯写真提供
時事通信フォト
読売新聞／アフロ

朴 一――1956年、兵庫県尼崎市に生まれる。在日コリアン三世。同志社大学大学院博士課程修了。商学博士。大阪市立大学経済学部教授。高麗大学客員教授。『新報道2001』（フジテレビ）、『そこまで言って委員会NP』『かんさい情報ネットten.』『情報ライブミヤネ屋』（以上、読売テレビ）、『教えて！ NEWSライブ 正義のミカタ』（朝日放送）などのテレビ番組でコメンテイターとして活躍中。在日問題や日韓、日朝経済について独自の視点から提言する。専攻は朝鮮半島の政治と経済。著書には、『僕たちのヒーローはみんな在日だった』（講談社＋α文庫）『「在日コリアン」ってなんでんねん？』（講談社＋α新書）『〈在日〉という生き方』（講談社選書メチエ）などがある。

講談社＋α文庫 在日《ざいにち》マネー戦争《せんそう》

朴《パク》 一《イル》 ©Park Il 2017

2017年 1 月19日第 1 刷発行
2017年11月14日第 2 刷発行

発行者――鈴木 哲
発行所――株式会社 講談社
東京都文京区音羽2-12-21 〒112-8001
電話 編集(03)5395-3522
販売(03)5395-4415
業務(03)5395-3615

デザイン――鈴木成一デザイン室
カバー印刷――凸版印刷株式会社
印刷――慶昌堂印刷株式会社
製本――株式会社国宝社

落丁本·乱丁本は購入書店名を明記のうえ、小社業務あてにお送りください。
送料は小社負担にてお取り替えします。
なお、この本の内容についてのお問い合わせは
第一事業局企画部「＋α文庫」あてにお願いいたします。
Printed in Japan ISBN978-4-06-281707-3
定価はカバーに表示してあります。

講談社+α文庫 Ⓖビジネス・ノンフィクション

電通マン36人に教わった36通りの「鬼」気くばり	ホイチョイ・プロダクションズ	博報堂はなぜ電通を超えられないのか。努力しないで気くばりだけで成功する方法	460円 G 277-1
映画の奈落 完結編 北陸代理戦争事件	伊藤彰彦	公開直後、主人公のモデルとなった組長が殺害された映画をめぐる迫真のドキュメント！	900円 G 278-1
誘拐監禁 奪われた18年間	ジェイシー・デュガード 古屋美登里 訳	11歳で誘拐され、18年にわたる監禁生活から救出された女性の全米を涙に包んだ感動の手記！	900円 G 279-1
真説 毛沢東 上 誰も知らなかった実像	ユン・チアン ジョン・ハリデイ 土屋京子 訳	建国の英雄か、恐怖の独裁者か。『ワイルド・スワン』著者が暴く20世紀中国の真実！	1000円 G 280-1
真説 毛沢東 下 誰も知らなかった実像	ユン・チアン ジョン・ハリデイ 土屋京子 訳	『ワイルド・スワン』著者による歴史巨編、閉幕！〝建国の父〟が追い求めた超大国の夢は――	1000円 G 280-2
ワイルド・スワン 上	ユン・チアン 土屋京子 訳	軍閥将軍の妾だった祖母、共産党で昇進する母、建国後に生まれた娘、三世代が見た激動中国	1400円 G 280-3
ワイルド・スワン 下	ユン・チアン 土屋京子 訳	吹き荒れる文化大革命の嵐が、思春期の著者とその一家を容赦なく襲う。歴史的巨編、完結	1400円 G 280-4
ドキュメント パナソニック人事抗争史	岩瀬達哉	なんであいつが役員に？ 名門・松下電器の凋落は人事抗争にあった！ 驚愕の裏面史	630円 G 281-1
メディアの怪人 徳間康快	佐高信	ヤクザで儲け、宮崎アニメを生み出した。夢の大プロデューサー、徳間康快の生き様！	720円 G 282-1
靖国と千鳥ケ淵 A級戦犯合祀の黒幕にされた男	伊藤智永	「靖国A級戦犯合祀の黒幕」とマスコミに叩かれた男の知られざる真の姿が明かされる！	1000円 G 283-1

＊印は書き下ろし・オリジナル作品

表示価格はすべて本体価格（税別）です。本体価格は変更することがあります

講談社＋α文庫 Ⓖビジネス・ノンフィクション

Steve Jobs スティーブ・ジョブズ II	ウォルター・アイザックソン 井口耕二 訳	アップルの復活、iPhoneやiPadの誕生、最期の日々を描いた終章も新たに収録	850円	G 260-2
ソトニ 警視庁公安部外事二課 シリーズ1 背乗り《はいのり》	竹内明	狡猾な中国工作員と迎え撃つ公安捜査チームの死闘。国際諜報戦の全貌を描くミステリ	800円	G 261-1
完全秘匿 警察庁長官狙撃事件	竹内明	初動捜査の失敗、刑事・公安の対立、日本警察史上最悪の失態はかくして起こった！	880円	G 261-2
警視庁公安部外事二課《ソトニ》 イリーガル―非公然工作員―	竹内明	伝説のスパイハンター・筒見慶太郎が挑む北朝鮮最強の工作員「亡霊」の正体――。	1000円	G 261-3
僕たちのヒーローはみんな在日だった	朴一	なぜ出自を隠さざるを得ないのか？ コリアンパワーたちの生き様を論客が語り切った！	600円	G 262-1
＊在日マネー戦争	朴一	「在日コリアンのための金融機関を！」民族の悲願のために立ち上がった男たちの記録	630円	G 262-2
モチベーション3・0 持続する「やる気！《ドライブ！》」をいかに引き出すか	ダニエル・ピンク 大前研一 訳	人生を高める新発想は、自発的な動機づけ！ 組織を、人を動かす新感覚ビジネス理論	820円	G 263-1
人を動かす、新たな3原則 売らないセールスで、誰もが成功する！	ダニエル・ピンク 神田昌典 訳	『モチベーション3・0』の著者による、21世紀版「人を動かす」！ 売らない売り込みとは!?	820円	G 263-2
ネットと愛国	安田浩一	現代が生んだレイシスト集団の実態に迫る。反ヘイト運動が隆盛する契機となった名作	900円	G 264-1
モンスター 尼崎連続殺人事件の真実	一橋文哉	自殺した主犯・角田美代子が遺したノートに綴られた衝撃の真実が明かす「事件の全貌」	720円	G 265-1

＊印は書き下ろし・オリジナル作品

表示価格はすべて本体価格（税別）です。本体価格は変更することがあります